人生勝利組の心理學

心理学を知らずに仕事と人生を語るな！

東大精神分析醫師教你看穿職場與人生

精神分析醫師
和田秀樹◎著
雲譯翻譯工作室◎譯

前言

長久以來，我的生活一直和心理學這門學問有著密切的關係。

其中最主要的一個原因，當然是因為我是精神科醫生；雖然如此，對於這門在日本被稱作「生物精神醫學」的學問，我卻有點抗拒，因為這門興盛的學科，現今主要是研究腦等「發生心理疾病時，神經傳遞物質會如何變化，又該以何種藥物醫治」，但我卻反而喜歡採用精神分析和森田療法之類的治療方式。

另一個原因是因為，考試準備方法以及成人潛力開發，都是我畢生重要的事業，也因此促使我持續研究及鑽研開發腦力的軟體設備。

近年來雖然有腦科學熱潮，但無論是腦科學或生物精神醫學，大都還是屬於腦硬體的研究。相反的，心理學是研究腦軟體的學問，像是「準備升學考試」、「準備證照考試」、「具備處理工作問題的能力」等等，其實指的都是增進腦的軟體設備。像智力測驗或其他紙筆測驗的考試、證照考試等，由於都是用來調查腦軟體的狀態，所以也都屬於心理學範疇。

綜合來說，心理學是在情感與情緒等感覺的基礎上，研究腦機能的實用學問。

由於我長期從事心理學研究，因此明白，如果將心理學應用在工作或日常生活中，會產生很大的效果。

對於不擅長讀書的孩子，如何讓他的記憶能力變好，這是心理學的課題；心理學可以鼓舞人，心理學也可以消除學習不安。

日本的自殺者已連續十四年超過三萬人，因此心理保健層面漸漸開始受到矚目。對於已經產生心病的人來說，雖然藥物治療很重要，但還不如事前的預防，就這一點來說，心理學亦十分有效。

稱為「心理創傷」的心靈傷痕，由於近來地震等災害，受到很大的重視，這種症狀以藥物來治療還是有點困難，所以顯得心理學的治療方法尤其重要。

近來，在人際關係上感到煩惱的人愈來愈多，心理學在這方面同樣能發揮功用。

如果能了解心理學知識或心理學思考方法，無論是領導能力、管理能力，還有日常人際關係、夫妻關係，甚至戀愛，都能變得比過去還要順利。

但是在此必須聲明的是，從另一方面來看，心理學只是一種假設。

即便以為「用這樣的心態、這麼做，工作上就能變得能幹」、「對方會這麼反應」，但如果不實際嘗試，依然無法確定是否真的會如此。

本書有實際而詳細的解釋，先建立假設並加以試驗，可以應用在諮商或市場行銷各方面。

透過此書，如能幫助您學會實用的心理學，身為作者的我，將感到十分榮幸。

文章末尾，我要向為此書付出許多心力的PHP研究所學藝出版部主編白石泰稔先生、作家加藤貴之先生，讓我借這個地方向您們致上深重的謝意。

二〇一二年二月

和田秀樹

contents

目錄

第二章 心理學運用於職場人際關係經營

第三章 市場行銷致勝的心理學

第七章 心理學充實人生

序章
受人誤解的「心理學」

常見的心理測驗

世界上最常見，最為大眾所熟知的心理測驗，是什麼呢？

在心理學的教科書中，大約介紹有一百種心理測驗，其中，哪一種最常被使用呢？

熟悉心理學的人，或許會聯想到「文章完成法」（ＳＣＴ）或「墨跡測驗」等測驗。

「文章完成法」指的是，以接續書寫一段文字，如「孩提時代的我⋯」等的一種測驗，廣泛使用在企業徵才考試中。

「墨跡測驗」是讓受試者觀看墨跡圖，回答「圖形看起來像什麼」的測驗。這種測驗方法經常使用在法院判決的精神鑑定中。

但本篇文章開頭的正確答案並非「文章完成法」，更不是「墨跡測驗」，**最常見的心理測驗，其實是智力測驗。**

心理測驗的種類

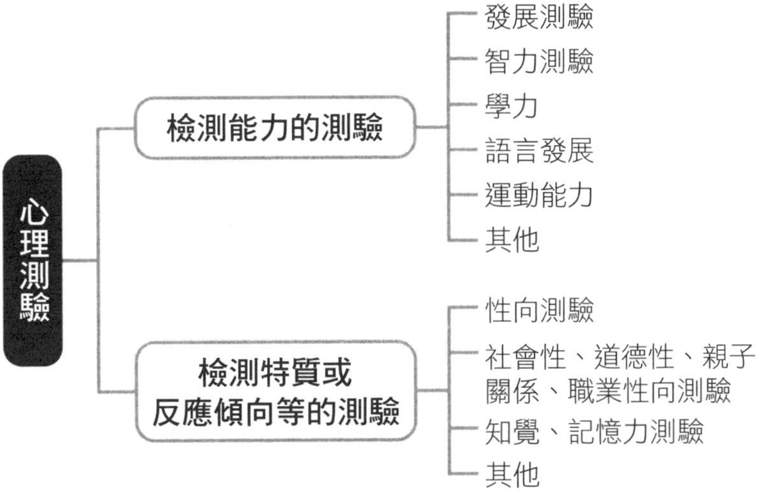

「咦，智力測驗也是心理測驗嗎？」相信有人會有這個疑問，但智力測驗確確實實是心理測驗。

相信各位讀者小時候都做過智力測驗，除了適用於兒童，也能用在法院判決及調查被告的智力狀況。

就如同精神障礙者可能被視為「無責任能力」一樣，智能障礙者也有可能被看作「無責任能力」的時候。在一些案件中，智能障礙者雖然擅自拿走商店裡的東西，卻不會被追究偷竊罪，因為那可能是因為智能障礙而導致無法判斷物品歸屬者。

智力測驗不僅能用來調查孩童的

智力狀況，亦常被使用在許多場合，是最為普及的心理測驗。

心理學與腦軟體

智力測驗也是心理測驗的一種，究竟是什麼意思呢？

心理學處理的是所有與腦軟體設備相關的事物。如果只是拘泥於「心理學」中「心理」二字的既定印象，很容易以為心理學處理的只有「情感」、「情緒」、「欲望」等，但心理學所探討的對象和範圍其實很廣。

例如，如果要檢查是否患有失智症，這時需要進行記憶力測驗。記憶力測驗也屬於心理測驗的一種。

近年來，腦科學頗受矚目，簡單來說，腦科學就是研究腦硬體設備的學問。例如做什麼事時，腦的相對部位血液流動會增加，釋放出α波等等，腦科學是以這些腦硬體的構造和機能為研究對象。

腦的運作並非只需要硬體，軟體也不可或缺，二者必須共存才能平衡運

腦的兩種研究法

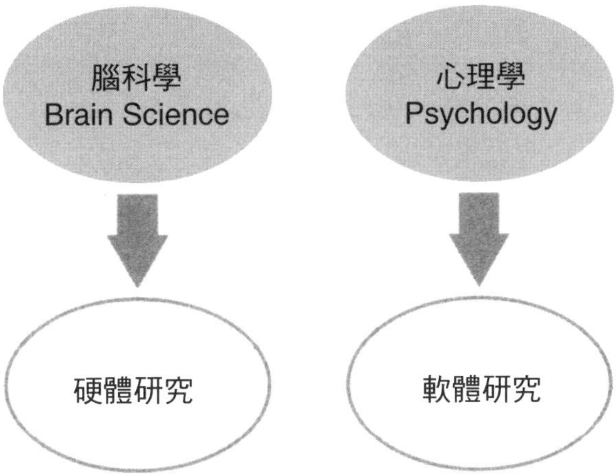

作。軟體除了情感、情緒、欲望、記憶、智力等，也包含視覺、聽覺、味覺等知覺。

與腦軟體相關的大部分事物，則是「心理學」的探討範圍。人類的行動來自於腦的命令，因此行動也屬於心理學的研究範疇。

更進一步來說，由於無論是什麼樣的軟體，都難免發生程式錯誤。腦軟體也一樣，有時會發生類似程式錯誤的現象，因而出現精神障礙或智能障礙。因此，心理疾病和智能障礙相關的研究，也成為心理學中重要的研究項目。

所有與腦軟體相關的事物，都是

「心理學」的研究範圍，所以是一門涵蓋極廣的學問。理解這一點，是將心理學活用在工作與人生的第一步。

心理學的領域

心理學領域廣泛，包括：

◎認知類（認知心理學、學習心理學等）
◎發展類（發展心理學）
◎醫療類（臨床心理學、精神病理學等）
◎應用類（產業心理學、廣告心理學等）
◎知覺類（實驗心理學、知覺心理學等）

此外也出現了數個新領域，因此，如果分的太細，反而難以理解。在此則嘗試簡單分成兩大類。

第一類為「**實驗心理學**」，第二類則為「**臨床心理學**」。

心理學的廣泛領域

認知類	認知心理學（研究認知情報的處理架構）
	學習心理學（探究動作的學習過程與架構）
	思考心理學（關於邏輯思考與推論的研究）
	語言心理學（探尋心理與語言的關係）
	生態心理學（從環境的角度思考人類的知覺與行動）
發展類	發展心理學（探究自我發展的過程）
醫療類	臨床心理學（以實際醫療為目的）
	精神病理學（探查心病的徵狀及其形成）
	犯罪心理學（研究實行犯罪或非行行為之心理的架構）
應用類	產業心理學（探究商場的人際關係）
	廣告心理學（將廣告視為社會交流，以進行考察）
	色彩心理學（從視覺色彩來探究人的心理）
	交通心理學（調查交通事故發生的原因）
	環境心理學（尋找環境與人之間和諧的互動關係）
知覺類	生理心理學（從生物學觀點研究心理現象）
	動物心理學（以動物為研究對象的心理學）
	神經心理學（探尋腦的機能與知覺、記憶等精神活動的關連）
	知覺心理學（研究知覺的架構）
	實驗心理學（經由實驗方法獲得客觀事實，以此客觀事實為基礎的心理學）

上表為一種分類法，未列入本表的，尚有教育心理學（探尋人之成長、發展與教育的關係），社會心理學（以心理學方法研究社會性行動）等。

「實驗心理學」是探究人類普遍的心理狀態，主要研究不屬於疾病範疇、健康者的心理。

相對於此，「臨床心理學」則是處理人與人之間差異性的心理學，可以將它想像成處理心靈生病的心理學。

臨床心理學的研究對象原本包含健康的人們，但實際會需要使用臨床心理學的，幾乎都是心靈已產生疾病的人，因此，臨床心理學實際處理的對象，變成只以生病的心靈為主。

這兩類心理學的工作也不同。研究實驗心理學的心理學家，有時需要穿著白衣進行動物實驗，有時需要在街頭觀察路人的行為，以進行研究。

而研究臨床心理學的心理學家，工作內容則是在諮商室與前來諮商的人進行個別談話，進而幫助每一位諮商者。

這兩種心理學可以用「心理學是依據結果進行判斷的學問」一句話來貫通。實驗心理學家必須藉由實驗來驗證假說的合理性，臨床心理學家則必須治療前來求助的諮商者。

即使實驗心理學家表示，「美國〇〇博士的實驗結果是如此如此」，但如果在日本進行的實驗出現了不同的結果，還是必須修正論述。而在日本進行實驗所得出的成果，也會被其他國家拿來檢驗理論是否適切。

但若換作臨床心理學家，就算「佛洛依德這麼說，所以是這樣才對」，或「榮格這麼說，所以現在是這種情形」等等，只要病患的情況不見改善，就不算得到成果。

從這層意義上可見，真正的心理學並非理論式的。無論是實驗心理學或是臨床心理學，實際施行的結果才是最後的結論。

必須等待成果出現，就這一點來說，商場也是一樣的。正因如此，心理學是一門可以應用並實行在商場上的學問。

因此，心理學並非是收集冷門知識，讚嘆「哇～人類真是有趣啊」，用來自我滿足的學問，而是能在現實社會中活用於工作與人生的一門實用學問。

心理學受人誤解之處包括：

〈誤解一〉心理學可以用來猜心事？

在派對等場合，曾經有人問過我：「老師，精神科醫生是不是只要和別人聊天，就能立刻知道對方所有的事？」

非常可惜，我並不具備聊上幾句就能看穿對方的能力。精神病學或精神分析，追求的並不是算命仙「屈指神算」的功力，而是在與諮商者互動之中，去理解對方。

為人諮商時，我會運用心理學和精神病學的知識，先建立假設：「這個人是為了這件事而煩惱。」等到交談過後可能發現：「好像和我的猜測不同。」接下來則會改變原先的假設：「所以是在為另外那件事煩惱嗎？」而繼續與對方談話。但有時還是會猜錯。

如此這般，在來回對話中不斷進行「拋接球遊戲」，慢慢理解對方的想法。有時假設錯誤，會發生對方落淚或發怒的情況。最後，在一次次失敗的假設之中，逐漸修正並接近對方的想法，這便是臨床心理學的世界。

因此，我並不是先論斷：「你現在的心情是如此這般。」再等對方回應，「對，就是這樣，真不愧是專家，一眼就看穿了。」

或許有人會以為，心理學是論斷對方「想法為何」的學問，這完全是誤解，不妨說，不要武斷地為對方的想法下定論，這種研究方式才是真正的心理學（臨床心理學）。

〈誤解二〉心理學適用於所有人？

心理學中有長期累積的真知灼見，若能善加利用，就可以比完全不懂心理學的人，能更早一步貼近他人的想法。

但即使如此，並不代表心理學適用於任何人。有些人相信心理學理論或心理學原理可以適用於任何人，這是一種誤解。

心理學有時不但不適用於自己，甚至不適用於自己身邊的人。有的人因為

心理學分類

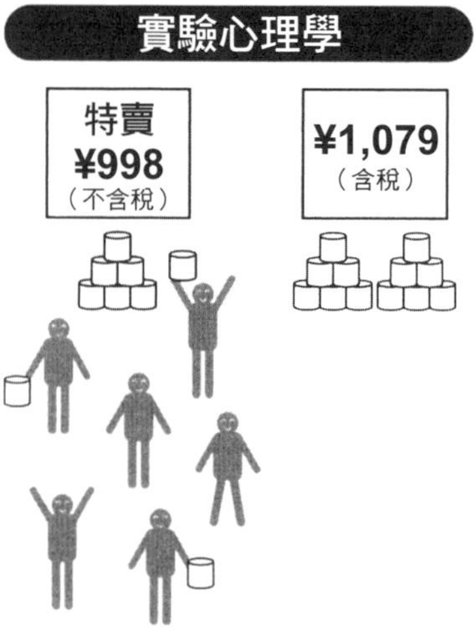

實驗心理學目的為解讀人心

臨床心理學目的為診斷或治療心理疾病

「了解心理學原理，所以使用在自己丈夫或妻子身上，反而造成夫妻關係惡化」。基本上，世界上並不存在一種可以適用於所有人的規則。

前面曾經介紹，心理學經粗略劃分，可概分成「實驗心理學」與「臨床心理學」兩大類。若適用於七、八成左右的人，在「實驗心理學」中就會形成某種「心理規則」理論。在這種方式之下所形成的理論，雖然有助於了解一般人大致的想法，但反過來想，對剩下二至三成的人，卻是不適用的。

遇到實用心理學原理不適用時，相對的「臨床心理學」就派上用場了。由於臨床心理學是負責處理差異性的心理學，所以並不存在「這個人是例外」的武斷推論。即使沒有心理學原理可以適用，最終還是能找到適合幫助對方的方法，這就是臨床心理學。

在心理學理論或心理學實驗中，以美國進行的實驗佔最大多數，因此不代表那些結論全都能適用於亞洲人；重要的是去嘗試並確認，而非毫無保留的接受。

嘗試過後，若適用就活用，不適用，則不再使用。心理學原理，不是物理學的絕對法則，毋需囫圇吞棗。

〈誤解三〉在現實社會中，心理學無用？

「就算懂得心理學，在現實社會中也派不上用場」相信有人是這麼想的，但這也是一種誤解。

確實，有些心理學在現實社會中派不上用場，但在商場上獲得成功的人士，其實有不少人採用心理學的技巧。

若要舉出代表性人物，不可不提 7-ELEVEN 的董事長鈴木敏文。鈴木先生使用了便利商店的POS系統（電腦銷售點管理系統），這是屬於「統計心理學」的思考方法，是一種「假設・驗證」的心理學法則。

本書將詳細說明，他如何先建立「即使是冬天，冰淇淋也可能會暢銷」的假設，再利用POS系統驗證，發現其中的規則，使得冰淇淋的銷售大幅提升。

一般而言，在市場行銷的領域中，有很多運用心理學技巧的案例。例如，研究如何擺設商品以刺激顧客消費，就是一種心理學。思索商品的色彩等課題，屬於色彩心理學的領域；若欲提升廣告宣傳效果，則為廣告心理學的分野。

心理學式的思考法，不僅能運用在商場上，也能運用在社會政策中。有「犯罪之都」稱號的紐約，便是採納了「破窗效應」的心理學理論，使犯罪率下降。

曾經，只要提起紐約，人們便有「犯罪之都」的印象，是個治安極差的都市。一九九四年紐約市長魯迪・朱利安尼下定決心，無論採取什麼手段，都要使犯罪率下降。這時他採用的就是「破窗效應」。

根據「破窗效應」理論，如果不去理會建築物的破窗，會使人們產生一種心態，認為「在這個地區，就算窗戶玻璃破掉也沒人在意，沒人會關心。」進而打破更多的窗戶，最後導致犯罪。

簡而言之，這個理論的思考重點是，倘若對小的不法行為置之不理，會讓人產生「無論做什麼都不會有事」的心理，最後演變成重大犯罪。

朱利安尼市長為了改善紐約市的治安，即便面對微小的犯罪，也嚴格取締。首當其衝被取締的是擅自攔阻停在交岔路口等紅綠燈的汽車，強行擦洗擋風玻璃，藉此強取金錢的人。這樣的措施快速收到了效果。

雖然只是小細節，但若產生實際可見的實質成效，市民的意識就會改變，進而推動更多進步。

在朱利安尼市長任期間，紐約市犯罪率減少了57％，槍擊案件也減少了75％。

可見，即便是在解決社會議題，心理學理論也能派得上用場。

〈誤解四〉心理學和經濟學互不相干？

心理學與醫療等領域的關係較近，而與經濟學領域相距較遠，相信許多人都有這樣的想法。

但這是一種誤解。心理學與經濟學確實有著密切的關係，近代在世界上備受關注的「行為經濟學」領域，就是由心理學家所引領。

無論是一九五七年獲頒諾貝爾經濟學獎的賽蒙（Herbert Simon），或是於二〇〇二年得到諾貝爾經濟學獎的康納曼（Daniel Kahneman），他們都不是經濟學家，而是心理學家。這些專家運用心理學技巧，建構了影響經濟學世界的深刻理論。

過去的經濟學，多以「理性經濟人」為思考前提，認為「人類在決定事情前，能完備地收集並使用必要資料，做出理性的判斷」。但實際上人類並非如此。

相對於此，在行為經濟學領域中，藉由心理學實驗，驗證了「人類有時能理性判斷，但並非總能理性判斷」，因此導入「有限理性」的想法。人類會受刻板印象（執著己見）的影響，而做出錯誤決策，心理學可以進行實驗，將具有這種傾向的事例化作理論。

過去的經濟學中，人類被視為完美、能作出正確判斷的存在，但這種看法不符合現實，也因此現實社會中一直存在許多經濟學家所無法解釋的狀況。「人類並沒有那麼完美」、「人類具有感情，不可能什麼事都能理性思考」，基於這樣的想法，從此演變出新的經濟學思考方法。

諸如此類的情況，使得心理學在經濟學領域中，漸漸產生了巨大的影響，因此二者不僅不是相距甚遠，反而關係變得愈來愈緊密。

如此可見，心理學有不少被誤解的地方。如果能正確地理解運用，心理學會是相當有用的工具。

從下一章開始，我們一起來看看，如何將心理學實際運用在工作和人生中。

第一章
利用心理學激發動力

選擇有效的心理學

在本章中，我們一起來思考如何提升公司員工的工作動力，當然，也可將這些運用來提升自己的動力。

在序章中曾說過，心理學分成適用於大多數人的實驗心理學，與根據個別差異改變處理方式的臨床心理學。在工作現場，我建議讀者應優先考慮二者中何者較為適用。

即使一百人中有二〇～三〇人不適用，只要適用於七〇～八〇人即可，這種情形使用實驗心理學的效率最好。

擁有一百、一千個員工的公司，若要提升員工的動力，從實驗心理學著手較為合適。例如執行公司政策時，人事部門是以全體員工為管理對象，因此，如果熟知心理學的各種技巧，就會大有幫助。

「人類就是這樣」與其依賴自己的直覺隨便猜測，不如以經過數十年、數百年累積的真知灼見為依據，猜中的機率更高。在商場上，時間就是金錢，因此必須從機率高的情況開始嘗試，這樣時間才夠用。實驗心理學知識能在短時間內找到有效的技巧，十分有幫助。

另一種情況是，如果是有三～四個部屬的課長或團隊領導人，想要提升員工動力，這時，比起實驗心理學，使用臨床心理學會更有效。

「四個成員中，只要適用於其中三人，另一人就捨棄吧」如果這樣想，就可使用實驗心理學，但這在現實中是行不通的。四個人的力量必須全發揮出來，才能確實提升團隊成績。

如果不去兼顧所有人，就會被看作是不具備管理能力的上司。

巴夫洛夫的實驗

在心理學實驗中，有一個實驗稱為「巴夫洛夫的狗」，這個實驗非常有名，相信聽過的人應該很多。

俄國的生理學家伊凡・巴夫洛夫發現，如果重複「鈴響則給予狗兒食物」的動作，之後只要鈴聲一響，狗就會分泌唾液。

如果只是響鈴而不給予食物，狗兒就不會再分泌唾液。

從這個實驗可明白，經過制約，行為可能被強化，也可能被消除。

這種制約的想法，廣泛運用在各界。當員工做出好成績時，就給予報酬或獎賞，以提高業績；而當員工犯錯時，就嚴厲斥責，修正行動，這就是以胡蘿蔔和棒子駕馭人心的方法。

那麼，假設希望運用制約理論，期使員工更積極地從事公司事務。

對於底下有一百個業務負責人的部長來說，使用胡蘿蔔與棒子策略，很有可能讓多數業務負責人的工作成果提升。如果成效不錯，只要持續使用即可。

但是，對於擁有四個部屬的營業課長而言，就需要更縝密的計畫。雖然使用了胡蘿蔔與棒子，可能讓四人之中的三個人做起事來更有幹勁，業績上升，但其中一人卻反而士氣低落，導致業績惡化。

這種時候，你不可能說「四個人中適用三個人就夠了」，而必須讓最後一人也產生動力，這對於提升營業成績而言是必要的。

如果某個方法導致個人業績惡化，就應該馬上停止。

暫且不論是否為員工不適任的情形，一般而言，由於員工在數年內都會待在同一職場，所以上級更應該改變策略和方式，運用不同的技巧，讓所有人都變成可用戰力。

這時，與其用實驗心理學，不如使用臨床心理學，個別加以應對。臨床心理學並不會捨棄例外，反而會配合對象探討個別處理方式。如果用胡蘿蔔與棒子的策略不見效，則應「對這個人改用別的方式」，希望你能這麼想，並嘗試改變。

動機‧管理的三大法則

那麼讓我們一起來看看，如何運用臨床心理學的思考方法，找到重啟員工鬥志的策略。臨床心理學的基本原則是配合個人差異，改變作法，如果嘗試某

動機・管理的整體架構

3 大法則	9 項原理	26 個技巧
希望法則	1. 努力就會順利	1 重複明確的回饋
		2 思考回饋的 TPO
	2. 好像做得到	3 設立有可能達成的目標
		4 費心思於子目標的設定
		5 為了讓對方心情輕鬆，說明原因
	3. 知道該做什麼	6 以雙眼可見的形式，展示範本
		7 讓對方自覺自己正在使用何種策略
充實法則	4. 有趣，確實在成長	8 讓對方發現樂趣
		9 設立確實感受得到自己正在成長的目標
		10 擁有「Being 目標」與「Become 目標」
	5. 因為是自己決定的事，所以全力以赴	11 參與決策
		12 正面讚美積極的員工
		13 就算是固執己見，放手讓員工嘗試
	6. 被期待	14 讓對方覺得自己在成長
		15 利用塞格利曼效果
		16 讓對方覺得「正因為被期待」才會被斥責
		17 給予發揮的空間與責任
關係法則	7. 能夠安心	18 明確展示決策的根據
		19 讓對方覺得：和這個人共事很安心
		20 消除非理性的不安
	8. 被人關心	21 讓對方覺得備受肯定
		22 接收得到團隊成員對自己的關心
	9. 感覺團隊是一個共同體	23 感受得到身分認同
		24 讓對方感覺，就算只在一旁也是好夥伴
		25 確確實實地稱讚團隊成員
		26 以團體動力影響團隊成員

出處：和田秀樹、大塚壽、奈須正裕、植木理惠著，《讓員工增加 2 倍鬥志》（日本鑽石社）

一個方法卻看不到效果，那就改用別的方法試試。因此必需掌握不同的技巧，才能跨過關卡。

在此我想介紹從前我與教育心理學老師、MBA一同研究出來的三大法則和九項原理。

首先，三大法則為「希望法則」、「充實法則」、「關係法則」。「希望法則」指的是，是否擁有「似乎進行得不錯」、「似乎可以成功」這樣的期待。心理學中有「結果期待」的說法，如果對結果不抱任何期待，人類就無法努力下去。如果想要提高動力，必須讓對方覺得想做出一番成績，並保有這個期待。

第二個法則是「充實法則」。「這個工作好像很有趣」、「我正在成長」如果人們能感受到這樣的充實感，鬥志就會提升。讓對方感覺充實，也是提高動力的方法之一。

第三個法則是「關係法則」。人們之所以努力工作，原因之一是為了維持良好的人際關係。「一直受到大家許多幫助，為了大家，我想盡自己所能加以回報」，讓對方有這樣的想法，也能幫助提高動力。

若能活用「希望法則」、「充實法則」、「關係法則」這三大法則，便能成功提高員工的動力。

塞格利曼的「習得無助感」

提高動力的第一個法則是「希望法則」。

人們一旦覺得看不見希望，認為「反正做了也沒用」，漸漸就不會再努力了。嘗試了各種方法卻依舊不見起色，慢慢就會感到無力。這種現象叫作「習得無助感」。

美國心理學家塞格利曼（Martin Seligman）對狗施加電擊的實驗，可說明習得無助感（Learned Helplessness）是如何造成的。

第一組的狗，只要以鼻子碰觸槓桿就能停止電擊，也就是說，牠們具有控制電擊的能力。

第二組的狗，即便以鼻子碰觸槓桿也無法停止電擊。因為停止電擊的裝置裝設在第一組的籠子裡，只有在第一組的狗碰觸槓桿時，電擊才會停止。此實驗使得第二組的狗沒有自己控制電擊的能力。

第三組的狗則不施加電擊。

讓各組的狗分別經過上面的階段，再將牠們放入籠子，籠子裡頭裝設了可以輕易跳越的障礙物，接著再向牠們施加電擊。只要牠們躍過障礙物，就能成功逃到沒有電擊的地方。

實驗結果，第一組的狗及第三組的狗發現，只要跳越障礙物即可得救，於是牠們跳越障礙逃走了。

但是，第二組的狗，即使被施加電擊還是不逃走，只會坐在原地哀鳴。

這個實驗說明了，一旦學習到不管做什麼都沒用的經驗，就會產生不抵抗的心態。

對象換成人類，如果做這個也沒用，做那個也失敗，人就會變得沒有動力。

「好像做得到」提高動力

為了不讓員工陷入士氣低落的狀態，並激發其動力，使員工產生「好像做得到」的感覺是很重要的。

就這一點來說，也就是必需給予適當的回饋。當事情進行順利時，讚美「這部分做得不錯嘛」、「比之前成長了不少」等等，如果給予這樣的回饋，就能讓對方感覺「只要努力就有可能成功」。

如果這個方法失敗了，再用別的方法。**藉由指派成功可能性較高的任務，讓對方感覺「好像做得到」**。

「一年內營業額提升30％」這個命令，如果讓對方產生「根本不可能做到」的感覺，就算失敗，因此，不妨試著將目標分割成較小的單位。

「每天慢慢提高0.1％的銷售收入如何？」試著換成這樣的說法。如果一天有十萬元的銷售收入，那就讓對方想成，只要每天都增加一百元就可以了。

「一天一百元，好像做得到」人們會這麼想。

如果每天都增加0.1％，不停累積下來，三年後可以增加三成左右。

這不過是只要改變角度，用不同的語句敘述，就能改變人的感覺。

如果一開始就設立太遙遠的目標，人會喪失努力的意願。與其對考試考六十五分的孩子說「下次考一百分就帶你出國玩」，不如說「如果下一次考七十分就買漫畫給你」，更能激起孩子的鬥志。

在有可能達成的範圍內設定目標，產生「好像做得到」的感覺，是提升動力的一種方法。

如果這個方法失敗了，下一個方法可以用示範作法。

表演魔術給孩子們看時，孩子們會說「哇，好神奇喔。」卻沒有人會嘗試模仿。如果這時將魔術底牌揭露，解釋給孩子們聽，「你看，這邊有線，一拉就成功了喔！」孩子們就會開心地模仿起來。

「只要這麼做就能做到」並示範作法，以容易理解的方式來解釋，讓對方感覺「我好像也做得到」，這樣就能激發動力。

感覺「有趣」，就能燃起鬥志

提高動力的第二個法則是「充實法則」。

人們只要發現「趣味」，就會感覺充實。此外，當感受到「成長的確實感」、「自己為人生下決定的感覺」、「作為不可或缺的存在而被人需要的感覺」，人們也會感覺充實。

一旦感覺充實，就能激起鬥志，所以，試著使用能讓員工感受到充實感的方法吧。

為了讓人感受到樂趣，可以嘗試使用實驗心理學式的「假設・驗證程序」。

例如，讓負責補充自動販賣機商品的員工，嘗試自己建立假設，並親自驗證，藉此激發動力。

負責補充物資的人，可能會做假設，認為在學校附近的自動販賣機「運動飲料比較受學生歡迎」，以及「工地附近疲勞的人較多，因此加糖的咖啡應該會賣得比黑咖啡好」。實際試驗後，發現銷售業績有所改變。發現這樣的規則之後，工作就會變得有趣。

如上的技巧，適用於任何職場。如果是商店負責人，或許會聯想到「改變商品展示方式，可以提昇業績」於是實際嘗試。若業績真的就此上升，工作起來就會變得有趣。

自己想點子，並實際嘗試，如果能做出成果，工作就會變得有趣，也會產生充實感。無論是從事什麼職業的人，應該都有些想法，願意嘗試看看。

讓員工嘗試自己的點子，藉此感受到樂趣，是提高工作動力的方法之一。

馬斯洛的需求層次理論

最廣為商業人士所知的心理學理論，應屬馬斯洛的「需求層次理論」。

「需求層次理論」是許多公司職前管理訓練的基礎，只要曾經受過管理訓

馬斯洛需求層次理論（1952）

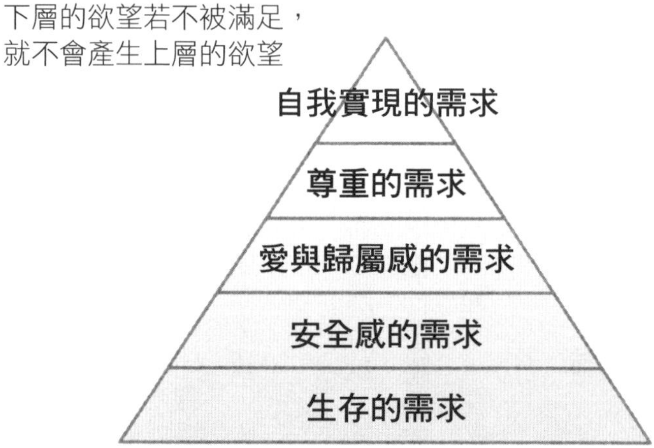

練的人，應該都知道這個理論。

馬斯洛建立了金字塔形狀的模型，他的思考方式是：下層的欲望得到滿足之後，人就會往上層的欲望前進。

金字塔由下往上的順序是：

◎生存的需求。

◎安全感的需求。

◎愛與歸屬感的需求。

◎尊重的需求。

◎自我實現的需求。

最下層的欲望是生存的需求。公司支付員工薪水，使得員工得以繼續生活下去，可以說已經滿足了生存的需求。

往上一層的需求是安全感的需求。由於現今職場僱用關係變得不穩定，如果能保障僱用的穩定，並確保職場安全，就能滿足安全感的需求。倘若僱用關係不穩定，安全感的需求不被滿足，員工的不安感就會增強，動機自然難以提升。

再往上一層的需求，是愛與歸屬感的需求。讓員工感覺自己在職場上受到他人的認可，或是維持職場上良好的團隊合作氣氛，都算是滿足了愛與歸屬感的需求。

接著則是尊重的需求。讚美、給予肯定，都能使尊重的需求獲得滿足。即使到尊重的需求這一層都已經被滿足了，員工卻依然顯得毫無鬥志。面對這樣的員工，或許可以考慮以位於金字塔頂點的自我實現需求，來滿足對方。

「想成為了不起的人」想要實現這種理想的欲望，就是自我實現的需求。近來有愈來愈多的年輕人會認真思考「想為社會出一份力」，這種想為社會出一份力的欲望，既可以解讀為愛與歸屬感的需求，也可以視為自我實現的需求。

滿足「想成為」「想保持」的需求

自我實現的需求中，包含「想成為〇〇」的「become 目標」，和「想保持〇〇」的「being 目標」兩種。

為了提升士氣，二者都必須被滿足。

假設一個人沒有「想成為〇〇」的「become 目標」，就不知自己工作的理想是什麼。無論理想是什麼都可以，想成為公司主管，或想變成年收入一億日圓的人等等都無妨。

但若只有「become 目標」，是無法感覺充實的，「想保持〇〇」的「being 目標」才是掌握了充實感的關鍵。

有時如果沒有「being 目標」，**就算充滿幹勁地工作，最後出人頭地，也會感覺好像有什麼地方不太滿足，最後喪失鬥志。**

「不只是當上主管，我希望能受到員工愛戴」或是「出人頭地後，可能會遇到很多困難，但我希望自己都能用笑容超越一切」等等，「想保持的自己」也是很重要的。

能否平衡地支持員工的「become目標」及「being目標」，有時也會影響到員工鬥志的高低。

員工參與決策為何能提高動力

對人類來說，感覺自己被要求去做某事，與感覺出於自我意願去做某事，心情會有所不同。自己來決定要做什麼事，稱為「自決」，若能支持員工的自決事務，也可以激發鬥志。

公司是以組織的型態而運作，所以不可能「凡事都由員工自己決定」，但只要允許賦權（Empowerment）的部分就授予權力，以此來支持員工的自我決定。如果在允許範圍內，能夠決定自己的工作方式，員工就會有發揮創意的空

間，也能提高工作意願。

以服務態度良好聞名的日本某高級外資飯店，便賦予每名服務人員一定的權力。在規定的預算範圍內，可以自行決定使用公款，來提供客人不同的服務。

例如，在客人生日時贈送生日卡片，或是在客人的重要紀念日時送花等等。

因此，客人覺得很開心，不僅許多人因此變成常客，服務人員看見客人感激的神情，聽見客人說「謝謝」，士氣也會隨之高漲。

倘若賦權在實行上有所困難，也可以試著讓員工參與職場上的決策。「公司的營運方針都是上面的人決定後，強加到我們身上的」或「不管說什麼都沒人會理」，一旦員工有這樣的想法出現，漸漸就會喪失動力，同時責任感也會跟著消失。「上面的人擅自決定的業績目標，為什麼要我來扛責任」於是出現這樣的想法。慢慢地，員工更會覺得，公司的營運目標「不過是別人的事」。

參與決策之後，自己的意見獲得傾聽，決定事情的方法改變，員工的感受就會大為不同。就算結果和自己的意見相左，只要當下沒有強烈反對意見，員工就會不知不覺產生責任感。如果情況許可，即使是非常微小的部分，聽取員工的意見後再做決定，可以提高員工的意願。

運用畢馬龍效應

在心理學世界中，有一個被稱為「畢馬龍效應」（Pygmalion Effect）的理論。

畢馬龍是古代一位希臘王子的名字，他想尋找心中理想的女性，因而把理想的女性形象雕刻在石頭上，美之女神阿芙羅狄蒂將石像賦予生命，於是畢馬龍與理想的女性結婚，過著幸福快樂的日子。

「一定會實現」只要強烈而持續地相信，最後就能實現，這就是畢馬龍效應。

由於畢馬龍堅持自己的信念，最後才讓願望實現，但若反過來，換作是被他人寄予厚望，人們也會產生希望能如他人所願的心理。

心理學家羅森塔爾（Robert Rosenthal）以小學生為對象，進行了如下的實驗。

首先讓孩子進行智力測驗，並告知老師未來成績可能大幅提升的孩子姓名。

一年後再次施行智力測驗，那些提到過名字的孩子，智力測驗成績果然比其他孩子進步得多。

事實上，一年前老師所得到的名單，並不是智力測驗成績優秀的孩子名單，而是隨機挑選出來的名字。不可思議的是，儘管是隨機選擇的孩子，成績也確實進步了。

羅森塔爾認為，這樣的成果，是因為老師對於這些被提名的孩子有所期待，認為「這個孩子會進步」，而在無意間提升了他們的成績。

也就是說，有時人們雖然只是期待，但最後依然能如願以償，這是畢馬龍效應的效果之一。

因此，不妨試著對員工寄予期待，「因為你有潛力，我很期待你」這是讓員工成長的方法之一。

重視人際關係，提高動力

提高動力的第三個法則是「關係法則」。

精神分析始祖佛洛依德認為，人類受性欲等本能衝動的驅使而行動，精神分析學家費爾貝恩（Ronald Fairbairn）則主張，人類的本能應該是在追求人際關係，性不過只是強化關係的一種方法。

在現今精神分析的領域中，漸漸形成了人際關係很重要的共識。

以周遭的環境來想像，就應該很容易理解。「大家都很努力，所以我也要努力」或「我想為了某人而繼續加油」，人們常常會出現這樣的想法。

這種心情可以解釋為，因為重視人際關係，動力也隨之提高。

為了讓員工的動力提高，加強人際關係是一個好方法。如果員工時常溝通討論，職場上保持良好的互動關係，就會產生「想一直在這樣的環境裡工作」的想法。若能受到同事的認可，被人重視，處在這樣的環境中，就難以萌生「離職」的想法。

除此之外，對員工說，「〇〇部門的A說過，很想和你共事，你覺得怎樣？」等，如此轉述他人的評價，也是一個很有效的方法。

相反地，如果上司時常對著員工大吼大叫，或總是嚴厲地評論大小事務，工作的氣氛就會變得戰戰兢兢，「想在這個職場繼續努力」的想法也會慢慢消失。

盡量使員工感覺職場氣氛舒適愉快，營造良好的職場氣氛，是間接提高員工工作意願的一種方法。

外在動機與內在動機

在動機理論中，包含有外在動機論與內在動機論兩種。

行為心理學的始祖華生（John Broadus Watson）認為，藉由獎賞與懲罰，能激發動力，這樣的想法被稱作「外在動機論」。早期的動機理論是以外在動機論為主體。

另外，心理學家哈洛（Harry Harlow）發現，猴子會自動自發地去玩智慧環，就算不給予餌食（獎賞），也不施加電擊（懲罰），猴子也會玩智慧環。於是哈洛給予猴子們香蕉（獎賞），結果猴子漸漸變得只要沒有香蕉，就不玩智慧環。由於猴子原本是自動自發地玩起智慧環，後來卻變得只要拿不到獎賞就不玩。

哈洛的學生桑代克（Edward Lee Thorndike）則以人為對象，進行了類似的實驗。

當時學生沉迷於流行的益智遊戲，他便提出「解出一個益智遊戲就給一元美金」，後來，學生漸漸就不在午休時間玩益智遊戲。由於報酬，使學生有了「被要求」的感覺，而喪失了自發的動力。

有時，即使沒有獎賞與懲罰（糖與鞭子），人類也能自發而充滿愉悅地做某些事，這樣的動機後來被稱作「內在動機」。因好奇心或樂趣，人類會自動開始做某些事。前面曾經提過，塞格利曼則不認為獎賞與懲罰是動機，「對結果的期待」才是動機。

關於動機理論，一些心理學家將之區分成創造性任務動機，與一般任務動機。

心理學家們在這個議題上進行過多次辯論，重要的是，有些人是因外在動機產生動力，有些人則是因內在動機才產生動力。除此之外，就算是同一個人，面對不的同任務內容，有時外在動機較能引出動力，有時則是內在動機才能激發動力。

嘗試過後，一邊判斷何者較適用，一邊修正，才能稱得上有智慧。

消除不安可激發動力

讓員工產生動力雖然很重要，但消除阻礙動力的因素也很重要。如果員工感覺強烈不安或感到失落，公司的狀況就不會改善。因此，必須根據員工的心理狀態來採取對策。

這個部分與心理保健相關，所以屬於臨床心理學的範疇。

如果員工突然表示「我快不行了，未來一定只會越來越糟糕，就算繼續留在這間公司，也完全看不到希望。」聽見這些話，相信上司可能會大吃一驚吧。

這種時候，為了讓員工能夠轉換想法，在臨床心理學上所使用的方法，是詢問對方認為情況必定會惡化的程度有多大。

不妨試著這麼詢問：「你覺得未來只會越來越糟，那麼你認為變糟的可能性是多少呢？」

一般而言，員工不會回答「百分之百」，如果他回答「我的未來有九成已經沒救了。」「九成啊，那剩下的一成你覺得會變成怎樣？可以說給我聽嗎？」接下來聽他說，和他聊聊。

如此一來，員工就會注意到還有其他可能性，先前認為「百分之百一定變差」的想法，是一竿子打翻了所有可能性。

於是員工便能將目光轉向可能性，低落的情緒也能稍微回復。

雖然無法改變現實，但可以藉著改變認知狀態，使心情放輕鬆，這是一種「認知治療」。

認知治療的技巧，也可使用在消除個人的煩惱。如果某天朋友說：「我被女朋友甩了，我再也遇不到那樣的人了，我看我再也交不到女朋友了。」

分手的當下，人都會很絕望，因此會覺得再也交不到男女朋友。這種時候你可以問對方：「你說你覺得再也交不到女朋友，是百分之百這樣認為嗎？」我想大部分的人都會回答，「嗯，倒也不一定是百分之百。」

於是，對方便能從另一個角度來看待這件事，低落的情緒也能稍微獲得舒緩。說不定不到一個月，又交到新的女朋友了。

相反地，若因失戀而情緒嚴重低落，陷入憂鬱狀態，或者沉迷於酒精，精神萎靡不振，交到新女友的可能性確實就會減少。

打破武斷思考的框架，嘗試想像其他可能性，可以說是幫助恢復心情的重要法則。

員工業績突然一落千丈，是身心失調嗎？

位居管理階層者，如果發現員工的業績突然大幅下滑，應該要懷疑員工可能是心理保健失衡。

一般而言，業績經常是小幅度地時起時落，不容易有巨大的變動。因此，如果是大幅下滑，一定有原因。

營業成績突然下滑，從前都能交出很好的企劃，現在卻什麼都寫不出來，這種時候你必須聯想到「應該有什麼原因，會不會是因為身心太勞累？」

「業績下降是因為喪失鬥志」、「這傢伙最近都在偷懶吧」不要如此武斷猜測，不妨試著著眼於其他可能性。

觀察對方，如果覺得看起來有點疲累，或是感覺比先前消瘦，請和對方聊一聊，「最近業績下滑，你看起來精神不是很好，情況還可以嗎？」

深入談話之後，如果覺得員工的心理狀況有點問題，不妨建議對方去找駐診醫生或者去醫院看看。「我感覺你的狀況不是很好，要不要去一趟醫院？」請這麼建議他，協助他恢復。

管理階層如果以為自己聽完員工訴說原委，就能解決所有事情，這樣只會導致狀況惡化，甚至延遲就醫，而使得風險增加。面對有身心疲憊徵兆的員工，上司不該覺得自己能獨力解決，應及早聯繫醫生或醫療機關。

在業績突然大幅下降時，不要一味認定是員工的行動力產生問題，應該考慮是否有身心失調的可能性。

第二章
心理學運用於
職場人際關係經營

團隊整合的三個方法

本章將討論職場的人際關係經營，與領導能力心理學。

首先是團隊的整合。

整合團隊前，必須思考兩件事：「為了維持團隊成員的良好互動，應該採取什麼行動」，以及「如何運用團隊達成目標」。

英國精神分析師畢昂（W. Bion）認為，未得到任務指派的混亂團體，可經整合分成下列三種類型。

1.依賴型團體。
2.抗拒與逃避型團體。
3.配對型團體。

第一種「依賴團體」指的是出現有力量的領導者，形成以領導者為中心的團體。

例如，企業總裁曾經創造過偉大的功績，員工都成為總裁的追隨者，以總裁為中心來處理事務。中小企業的創辦人大多屬於這種類型。

員工的依賴心太強，雖然會有風險，但領導者在職期間，團體容易整合，成績也很良好。

第二種「抗拒與逃避型團體」是藉由製造「假想敵」，讓全體成員攻擊或逃離假想敵，以整合團體。有些公司便藉著將對手公司塑造成假想敵，來整合自己的公司。

例如，前日本首相小泉純一郎之前就藉著製造假想敵，成功整合了黨內多數人及日本人民的意見。

但塑造假想敵時必須注意，這麼做反而可能會不小心使團體內部也產生假想敵。暫且不論政治，若在公司內部塑造出假想敵，就可能會演變成派系鬥爭或職場霸凌。就算最後能將團隊整合起來，也會產生負面效果。因此，假想敵的營造必須設在團體外部。

第三種「配對型團體」，英文稱作 Pairing。若職場上出現情侶或結婚，員工會產生祝福的氛圍，並因此而凝聚在一起。

配對成功、小孩誕生，代表新希望的出現，可以將之想成期待彌賽亞（救世主）誕生的心情，因而使大家產生共同的心態。

當公司有新產品預計要上市，會出現「這個商品上市後，公司的前途會一片光明」的想法，這就是因為大家籠罩在祝福的氛圍中，而凝聚在一起。找出職場上能讓大家擁有共同希望的事物，團體就能順利整合起來。

整合團隊之後，必須交代任務

前面介紹過整合團隊的三個方法，但在整合團隊之後「所交代的任務」，則比整合團隊更為重要。

以前述的第一個方法，以領導者為中心凝聚了團隊之後，如果沒有明確「要做什麼」的目標，就無法繼續保持眾人同心協力。如果領導者能展現對未來的展望，設立共同的目標，將員工組織起來，團隊才能真正展現向心力。

第二個方法製造假想敵也一樣。就算製造出假想敵，團隊也整合在一起，不代表團隊的成績可以就此提升。

假設業界第二名的公司，將想要追上的業界第三名公司視為假想敵，第二名公司職員會一起說業界第三名公司的壞話：「那間公司沒什麼好評價，果然還是我們公司比較好。」但這麼做無法因此產生什麼好成績。

倘若要營造假想敵，應該選擇優於自己的公司。如果將業界中第一名的公司視為假想敵，學習對方值得仿效之處，以「追求、超越」為目的，將員工組織起來，員工成長的可能性就會變高。

第三個方法，配對成功、產生祝福的氣氛之後，如果眾人能有一起開創新局面的想法，當然是最好，但往往只會沉浸在祝福的氣氛中，卻什麼也不做。這樣就沒有運用到難得培養出來的團隊向心力。

整合團隊後，能利用團隊來成就什麼事，這才是重要關鍵。

團體形成後容易產生風險轉移

俗話說：「三個臭皮匠勝過一個諸葛亮」。一般來說，大家都認為討論時人多一點比較容易想出好方法，做出合理決定的機會較大。

但是，人類的心理真的非常不可思議，形成團體後，有時卻會出現與不符合數學計算的結果。

也就是說，不是「1＋1＋1＝3」，而變成「1＋1＋1＝5」或「1＋1＋1＝2」。

「風險轉移」常被視為「1＋1＋1＝5」的例子。

「風險轉移」的案例，在戰爭中時常發生。明明每個人都覺得「不想打仗」、「應該沒有獲勝的可能」，但當所有人聚集在一起討論時，卻會出現「都到這個時候了，怎能不迎戰！」或「認為會輸的傢伙都給我滾遠一點，戰爭就是要勝利！」等言論，使結論導向充滿風險的方向。

「不想被看成膽小鬼」、「不希望自己有消極的看法」，在這樣的心理運作之下，人們開始逞強，往具有風險的方向移動，稱為「風險轉移」。

日本社會心理學家岡本浩一發表了一個實驗結果，他假設一個實驗情境：你收到了來自一間中小企業的聘約。

有一間中小企業想招攬你，並且表示將給你「比現在多一倍的薪資」，但是，這間公司將可能在一年內破產。

破產的可能性如果是10％、30％、50％、70％、90％，在何種情形下你會願意轉職？

如果是獨自判斷，選擇10％、30％的人比較多，但若與團體討論時，可以看出人們會傾向於風險較大的選擇。

「一生只有一次，當然要挑戰看看！」

「對啊，應該將目光轉向新的領域！」

會出現這樣的想法，而導出風險較高的結論。

當業績不理想的公司開會，大家群聚在一起討論時，也容易出現類似的狀況。

「現況不理想，只能一股作氣拼了！」

「嗯，這次就將目標設為業績成長20％吧。」

容易出現這樣逞強的論調。

但是，有時若分別與每個人個別談話，會發現沒有一個人會這樣想，實際上每個人都覺得：「光是要讓業績提升到跟去年一樣就已經很難了，還要成長20％，根本就不可能。」但會議結論卻不知為何變成「目標：比前年增加20％」。

團體聚集之後，如果能有諸葛亮的智慧當然很好，但也要小心，有時團體動力會產生較大風險。

使團隊力量縮減的社會怠惰

接著是「1＋1＋1＝2」的團隊情形。在社會心理學領域中，特別指出有一種「社會怠惰」的現象。

為了說明「社會怠惰」，這裡舉出「請人拍手並測量音量的實驗」為例。

假設一個人拍手時，測量音量的結果是五十分貝。接著，集合三十個人，請大家一起拍手。

一個人五十分貝，集合三十個人，音量應該是三十倍才對，但實際測出的數值卻比較低。

那是因為人們會產生「反正別人會做，所以這樣拍就夠了」的想法，所以偷懶了。於是，每個人拍手的音量都變小，使得全體一起拍手的音量也跟著縮減。

這種情形也出現在現實生活中，應該很容易就能理解。在學校裡唱校歌，在公司裡唱社歌，你會以很大的音量來唱嗎？可能會覺得不好意思，或者有其他顧慮，但也有人是因為覺得「別人會唱」，所以不以最大的音量歌唱。

為了避免社會怠惰，在給予團隊任務時，與其給予團隊全體一個任務，不如個別通知成員，給予每個人不同任務，反而能發揮更大的力量。

但是，社會怠惰的理論奠基於外國的實驗，由於每個國家社會怠惰的程度可能不同，而陌生人集結而成的團體，也較容易發生社會怠惰，但像公司這樣常常有機會見面的群體，社會怠惰則較不易發生。

心理學理論不過是一種理論，必須加以確認是否符合實際狀況。

兩種類型的領導者

整合團隊之後，我們要來認識關於領導能力的心理學。

美國精神分析學家寇哈特（Heinz Kohut），將領導能力分成兩種類型。

1. 彌賽亞型領導者。
2. 領袖型領導者。

「彌賽亞型領導者」會讓人覺得「只要跟著他就沒問題，他能拯救我們」。以近幾年可見的例子，可舉日本政治家小泉純一郎與橋下徹為例。

許多人都有這樣的印象，認為「只要跟著小泉走，他就能幫我們改革。」「只要追隨橋下，世界就會因此改變。」讓人產生這種想法，就是彌賽亞型領導者的特色。

彌賽亞（救世主）四周會有各種人物，有的人能夠傳遞彌賽亞的想法，如傳道士一般，有的人則「狐假虎威」，有人會認為「既然小泉這樣講，我們就應該改革。」於是產生許多追隨者。

另一類的「領袖型領導者」會讓人覺得「雖然我做不到，但他能代替我做到」。曾經出版過《日本可以說不》（與盛田昭夫共同著作）的石原慎太郎，就是屬於這一型，人們會想跟隨像他這樣的領導者，以代替自己向外國說「不」。

至於體育界的領袖型領導人物，可以舉活躍於美國的鈴木一朗為例。「鈴木一朗在美國大聯盟擊中投手的球，成為首席打者」這對許多日本人而言，彷彿是小日本狠狠修理了大美國一般，想必有不少人覺得非常痛快。能讓人產生這種感覺的，就是領袖型領導者。

我們試著來想像商店最佳店員的銷售方式，藉此了解何謂具有領袖魅力。如果最佳店員對顧客說「我覺得這個很適合你。」顧客可能會說「謝謝。」然後開開心心地買下商品，好像店員與顧客的地位顛倒過來一般。

對許多人而言，這並非輕而易舉之事，正因如此，我們才會從大為活躍的店員身上感受到領袖魅力。

那麼，你覺得自己是屬於彌賽亞型領導者，還是領袖型領導者？

無論要成為上述何種領導者，都不是容易的事，但在現在這種停滯不前的社會中，領導者為大眾強烈所需，一般人即使無法完全變成彌賽亞，或成為具有個人魅力的領袖，也可以朝這個方向努力，這也是一件很有意義的事。

若一個人能明顯提高公司業績，並讓人覺得「如果沒有他，我們公司會撐不下去，大家應該跟隨他」就很接近彌賽亞型領導者。在業績低迷的公司內部，如果有人能夠將業績大大提高，就可以說是給予人們希望的彌賽亞。

如果一個人以成為領袖型領導人物為目標，試著為大家發聲。這樣的人若在業績上不能有所斬獲，就無法成為領導者；但如果在業績上確實有所表現，並能獲得他人的信賴，認為「我不敢說出口的事，他都能對員工或客戶直言不諱」就表示已經成為領袖般的存在了。

但是，如果領導者過於強大，有時會讓追隨者產生「反正他都會做，我不做也行」的想法，產生太重的依賴心。

若是不以成為彌賽亞或具個人魅力的領袖為目標，也不妨試著學習，成為兼具兩種領導特性的領導者。

第三章
市場行銷致勝的心理學

廣告界著名的月暈效應

本章我們將一起來認識，有助於市場行銷與商品開發成功的心理學。

在開發新商品或宣傳新商品時，只要能讓七成至八成的人對商品產生好感，在市場行銷上就算是成功。為了能受這麼多人歡迎，可以使用實驗心理學中的一個法則。

在廣告界有個著名的「月暈效應」。試著以佛陀背後的光輪來想像月暈效應，就能容易理解。例如，某件商品上註明「英國皇室御用」的字樣，會使人們感受到加持的光環，而想一窺究竟，進而產生這個商品似乎很有效用的感覺。

在廣告市場會選用民眾好感度較高的藝人，當顧客看見藝人開心喝啤酒或咖啡的樣子，就會因為對藝人的好感，連帶使得對商品產生良好印象。因為這個緣故，廣告製作經常會利用高好感度藝人的形象。

在眾多藝人之中，高好感度的藝人有限，因此，日本自一九九〇年代以後，許多公司的代言，都集中在飯島直子、藤原紀香、松嶋菜菜子、上戶彩、武井咲等高好感度的藝人身上，因而使她們擁有「廣告天后」的美稱。

在日本四十多歲的男性之中，有許多人是看了飯島直子的廣告，才喝起罐裝咖啡「喬治亞」，或是看過藤原紀香的廣告，才與「J-PHONE」（現為SoftBank）買手機簽約。女性則會受到化妝品廣告藝人的影響。

如果商品本身缺乏魅力，使用這種方法會有反效果，但若對品質有信心，選用高好感度的藝人是很有效的做法。

權威的推薦

在心理學的思考中，有一類是「對人主義」與「對事主義」。

例如，在一間公司中，被視為王牌的A交出新的企劃案，此時，有人就會覺得「因為是A的企劃案，內容肯定不會錯」，這種人就是以對人主義的方式來思考。相反地，「雖然這是A的企劃案，但這份企劃案不會賣」，會依據企劃案內容而進行判斷的人，則是以對事主義的方式來思考。

也就是說，依據發言者進行判斷，是對人主義，而依據發言內容進行判斷，則是對事主義。

對人主義較為狹隘，但市場行銷中，常會利用一般人易於陷入對人主義的心理。

大多數的人都習慣以對人主義的方式思考，而並非根據事物的內容來判斷，如果權威人士或名人推薦表示「某某商品很好」，人們很容易就覺得「他這麼說，想必是不錯的商品」、「這個商品看起來確實不錯」。因此，處處可見利用人們的這種心態來邀請權威人士推薦，或利用權威性機關的研究數據加以見證。

從消費者市場行銷的角度來看，對人主義是非常容易使用的銷售戰略方法。

研究市場行銷戰略時，商家可邀請權威人士的推薦，或以「根據美國研究機關的數據……」等廣告詞包裝，以吸引眾人目光。雖然說謊是不對的，但利用「權威人士的說詞較容易令人信服」的心理來銷售商品，必定能達到一定的效果。

熱賣商品更加暢銷的理由

人們一般都會注意社會上暢銷的商品，例如，要是經過有人在排隊的店就會特別想進去。一般人普遍都有這樣的想法：「如此受歡迎，所以應該是不錯的商品。」「這麼多人在排隊，想必很好吃。」

雇用假客人的行銷方式，就是利用這種心理。先安排幾位假客人來排隊，營造店面為人氣商店的氣氛，因此路過的人都會看上幾眼；在這種情況下，有人甚至連賣什麼都不清楚就跟著排隊。

心理學家所羅門・艾許（Solomon Asch）做過一個實驗，請受試者看兩張紙，各畫了一條線與三條線，然後要求受試者判斷畫三條線的紙，哪些線的長度一樣。

如果是一個人單獨判斷，說出錯誤答案的情形很少；但加入幾個假受試者，並安排他們說「我覺得是這條」、「我覺得是那條」等台詞，人們便出現受到這些說法影響而選擇錯誤答案的情形，這種現象叫做「同儕壓力」。

在人類社會中，同儕壓力的產生，使人會受外界的判斷影響而相信：「大家都覺得好所以才會熱賣，所以這肯定是不錯的商品。」

在網路論壇上充斥著偽裝的假回應廣告文，造成很大的問題，但大家必須有所認識，世上的各種領域中，本來就有許多廣告文和假客人。

企業不該使用廣告文和假客人從事反社會或反倫理的活動，但是，當商品真的賣得不錯，此時宣傳「許多人都給予肯定」，則能讓營業額更上一層樓。

「大部分人都覺得不錯的商品，就容易被認定為是好商品」，瞭解這樣的心理，可以在市場行銷方面有所助益。

跟隨潮流的樂隊花車效應

與同儕壓力相似的，還有「樂隊花車效應」現象。樂隊花車指的是樂團隊伍遊行車，而樂隊花車效應指的是跟隨潮流的現象。

樂隊花車效應，在美國總統選舉期間常被拿來討論。美國總統選舉時，共和黨與民主黨會先各自舉行黨內初選，並在愛荷華州與新罕布夏州舉行黨團會議。

隨著愛荷華州與新罕布夏州傳出的消息，誰獲得勝利，得票率為何，選舉走向不時會出現大幅度的變化，媒體也會大肆報導「○○初選勝出」。

美國有五十州，即使取得優勢的候選人一開始只贏得兩、三州，雖還有四十多州沒開票完成，但有時卻能引起選民「想迎合潮流」的心理，導致一路獲勝到底。

樂隊花車效應經常被運用在市場行銷中，一般認為，各企業以 De facto

standard（業界標準）為準，而展開各種廣告宣傳的戰略，就是為了引導民眾跟隨潮流的心理，希望能如雪崩一般的氣勢來吸引顧客，最後成為市場真正的標準規格。

較晚起步的公司，雖然也有可能逆轉勝，但搶先取得優勢、掌握潮流，較為有利。因此，新商品上市時大量宣傳，就是為了要能搶先取得市占率。

為了爭取市場，企業宣傳自己的公司為「市占率第一名」，這就是充分利用民眾想要跟隨潮流的心理。

為了吸引顧客，搶得優勢，讓人覺得自家商品賣得很好，這兩者所下的工夫都極為重要。

克雷奇默的性格類型

市場行銷可依心理特性的不同，將人分成不同的類型，這種策略也很有效。

克雷奇默的性格類型

	正常範圍的性格偏向	人格障礙	精神疾病
1	分裂氣質	分裂病症	精神分裂症
2	循環氣質	循環病症	躁鬱症
3	黏著氣質	黏著病症	癲癇

世界上每個人都具有不同的心理特性，不同類型的人，心理特性也會略有變化。有的人「想跟隨潮流」，有的偏袒弱者，是「同情弱者」的人。以日本人為例，「同情弱者」這一類型的人屬於比較多數。

雖然使用跟隨潮流的宣傳策略，但由於市場偏袒弱者的人比事先預想的要多，因此行銷失敗。所以，不妨先思考目標群眾的類型，再建立銷售策略為佳。

心理特性類型有很多種分類法，最有名的是德國精神病理學家克雷奇默（Ernst Kretschmer）的性格類型。

克雷奇默從精神病理學的角度出發，他認為，即便是正常的人，也都具有一些精神疾病傾向，因此將人分成三種類型。

克雷奇默將一般人的性格類型，依照精神疾病的三種類型區分成三種，如上方表格所示。

這個分類法對性格分析領域產生巨大的影響，直到現在還是有人會依據這個理論來判斷性格。

克雷奇默的分類法，所依據的是八十多年前的精神病理學理論，但現在的鑑定基準並未將癲癇列入。現今精神醫學的主流，是將精神疾病理論分成精神分裂症[1]與躁鬱症兩種。

精神分裂型與躁鬱型的銷售方法

在此，我將具有精神分裂症因子的人稱為「**精神分裂型人格**」，有躁鬱症因子的稱為「**躁鬱型人格**」，以這兩種類型來進行討論。

「精神分裂型人格」的「精神分裂」取自精神分裂症（Schizophrenia），「躁鬱型人格」的「躁鬱」則取自躁鬱症（Melancholia）。

1 二〇〇二年以後，為免造成誤解，日本將「精神分裂症」更名為「統和失調症」。

精神分裂型人格與躁鬱型人格的特徵

特徵＼類型	躁鬱型人格	精神分裂型人格
內心世界主角	自我	他人（外界）
待人接物	為特定對象犧牲奉獻	非特定對象
對外界的認知	理論式、實際的	魔幻式、被害的
自我、身分認同	堅定的身分認同	沒有自我
常識、價值觀	內在	外在
時間觀	專注過往	與周遭同步
	一致性連貫	與過去不連貫
年代（日本）	多為 1955 年以前出生	多為 1965 年以後出生

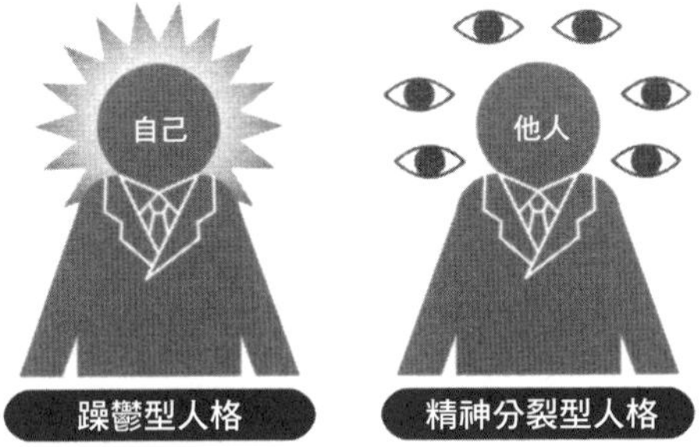

憂鬱症的三大妄想（史奈德，1950 年）

因悲觀而形成的妄想：

1.慮病妄想（自己得了重病）。

2.罪惡妄想（自己做了壞事，犯了罪）。

3.貧窮妄想（自己愈來愈窮）。

首先，我想先介紹一下精神分裂症的特徵。精神分裂症患者常有「有人要殺我」、「外星人傳送訊息給我」的妄想，常感覺自己被他人操縱，覺得自己是非常微不足道的存在。

「精神分裂型人格」則具有相近的性格傾向，簡單來說，這種類型的人過於在意外界眼光，特別想要被周遭的人所喜歡，強烈地不想被人討厭，寧願配合「大多數人的喜好」，而忽略「自己的喜好」，他們的關心並非對自己，而是對他人。

相反地，躁鬱症患者的焦點則是集中在自己身上，「不管別人說什麼，都要以自己的喜好為主」，具有這種堅持，就是躁鬱型人的特點。

精神病學家史奈德（K. Schneider）指出，慮病妄想、罪惡妄想、貧窮妄想，為憂鬱症的三大妄想現象。

慮病妄想，例如在醫院接受檢查，發現檢查結果有異狀，就認為自己「得了重病」，產生妄想現象。罪惡妄想是深信自己「至今做了許多壞事，給人造成許多麻煩，因此身負重罪」的妄想現象。貧窮妄想則是深感自己「愈來愈窮」的妄想現象。

人在憂鬱狀態，容易出現慮病妄想、罪惡妄想、貧窮妄想三種妄想現象，處於躁鬱狀態時則完全相反，覺得自己「就算不睡也不會生病」、「我才是正義的」、「不管我做什麼都會一帆風順，錢會愈賺愈多」等等，出現這種毫無根據的樂觀妄想。

但無論是憂鬱狀態或躁鬱狀態，這種人都只會關注自身的狀況，而對周遭漠不關心。

從上述描述可知，「精神分裂型人格」的價值觀衡量標準在他人身上，而「躁鬱型人格」的價值觀衡量標準是在自己身上。

因此，在市場行銷或販售上，必須分辨顧客屬於何種類型。

「精神分裂型人格」因為會在意他人，因此也關心社會中熱賣的商品，熱賣商品能進一步變成超熱賣商品，可以說就是因為吸引了精神分裂型人格的注意。例如偶像歌唱團體ＡＫＢ48之所以能變成超熱賣團體，我認為可能是因為年輕世代在意他人目光的精神分裂型人格較多。

另一方面，我認為躁鬱型人格多屬於舊世代，亦即多為中老年人。躁鬱型人格在消費上，具有堅持，「就算價格昂貴，也會買真正喜歡的好商品」。若中老年人多是躁鬱型人格，與其製作標準化商品，不如真正做出講究的客製化商品抓住中老年客人的心，才更為重要。

不過，這裡提出「年輕人都是精神分裂型人格」、「中老年人都是躁鬱型人格」這種前提並不完善，企業應仔細思考所要主攻的市場，評估市場特色類型，才是明智的做法。

如果能夠洞悉市場特性，掌握顧客市場（segment），再進行市場行銷，較容易獲得利益。

使用實驗心理學技巧的7-ELEVEN

到目前為止，已經向各位介紹過可運用在市場行銷上的數種心理學效應，以及心理學分類法。如果能派得上用場，希望大家能多加利用。

接下來，讓我們稍微改變一下角度。**在市場行銷上，與其依賴既有的心理學結論，不如運用實驗心理學的「假設↓實驗↓驗證」技巧，有時反而更有效果。**

過去在進行市場行銷實驗時，往往會耗費大筆金錢與勞力，現在，利用POS系統或網路商店系統等，即可輕易獲取關鍵情報，比以前變得更方便，有時實驗更是只需一、兩天即能知道是否有效。

實際採取這種技巧的代表，就是7-ELEVEN。

7-ELEVEN的董事長鈴木敏文，從「統計心理學」得到啟發，於是他想出建立假說，再以POS系統驗證的銷售方法。

這個方法使他得到一些結論，例如「即使是夏天，只要溫度低於二十五度，讓人感覺涼爽，關東煮就會賣」、「即使是冬天，只要超過二十五度，讓人感覺稍微溫暖，短袖內衣也會有人買」，還有「冬天只要氣溫稍高，冰淇淋也可以熱賣」等特殊現象。

上述這些結論，都是我們無法從常識中推論出來的。「冬天裡冰淇淋不可能賣得出去！」「夏天會有誰想吃熱呼呼的關東煮？」這些都是大部分人具有的常識，遵循這些常識，不知道商品怎樣才會賣出去，而因此錯失商機。

不受到常識的約束，建立假設，並在情報驗證之後活用於銷售，鈴木敏文先生所使用的技巧，正是實驗心理學的關鍵。

改變商品擺設位置

門庭若市的商店，時常藉著裝修店面、改變商品擺設方法、改變展示方式等，以發現提升銷售效果的做法。

例如，以孩童為主要對象的商品，會放置在容易進入孩童視線的低處，這是常被使用的一種技巧。可見得是有人實際實驗過後，才得到「放在低處賣得比較好」的結論。

但是，並非所有商品都能這樣如法炮製，還是要先嘗試以確認效果。

雖然是以孩童為對象的商品，但有時放在容易進入父母視線的位置，反而會賣得比較好，因為，看到與買回家是不一樣的行為。掌握錢包的是父母，因此放在離父母視線較近的位置賣得較好，這種假說可以成立，但還需要實驗心理學的實際嘗試。

如果是人們難以購買的商品又如何？例如超市或便利商店都有販售保險套，但通常人們會因為在意旁人的目光而不敢購買。由於保險套放在容易被注意到的地方，人們可能會因為不好意思反而不買，因此放在不引人注目的地方是否較為可行？這個假設也需要經過實際嘗試，確認營業額的變化，才能驗證假設是否正確。

即便是同一企業的連鎖分店，也會因地域與客層的不同，在銷路上產生變

化。因此，各店面實際進行測試，才算是明智的做法。

像是日本連鎖賣場「唐吉訶德」每間分店的商品類別都有差異，例如，在市中心六本木與市郊的店鋪，由於客層不同，分店店長可各自衡量改變做法。嘗試改變販售方式，就是基於實驗心理學的發想。

改變價格的嘗試

POS系統資料或網路銷售資料等，這些市場行銷相關的情報，都是商場上珍貴的參考資料。

但是，由於資料解讀的不同，有時資料能被活用，有時資料則無用。若是從個人刻板印象來解讀資料，這些好不容易得到的資料就無法善加運用。

例如，市場上有類似的商品，商品A較貴，商品B較便宜，且商品B的銷路較好。這樣的資訊乍看之下，相信可能有不少人會判斷：「果然便宜的賣得比較好，所以價格應該愈便宜愈好。」

但這可能是個人主觀印象或偏見作祟，因預設立場「便宜的東西賣得比較好」，所以在看見數據之後，可能很自然地就認為「果然如此」。

但事實上，商品A與商品B可能不只是價格的差別，販售方式也可能大為不同。商品B賣得比較好，原因與價錢可能完全無關，而是與銷售方式有關。

如果不能從各種角度來檢驗資料，不小心就會戴上主觀印象的有色眼鏡來解讀。這種主觀的有色眼鏡，心理學用語叫做「認知偏差」。

一旦出現認知偏差，即使握有多麼珍貴的資料，透過有色眼鏡觀看，也會導致無法從資料中篩選出有用的情報。

便宜貨才賣得出去？

其實，有不少企業都困在強烈的價格認知偏差中而不自知。由於通貨緊縮，削價競爭不斷，「景氣這麼差，不便宜賣就賣不出去」這種認知偏差已蔚然成風。

我認為，不帶認知偏差的思考方式，在市場行銷上極為重要。

有一種我很喜歡的零食「匠海」，一盒三十片，雖然要價一千八百日圓，但我覺得非常好吃。「匠海」是哪間公司生產的呢，就是以「蝦仙貝」（譯註：與台灣蝦味先類似）聞名的卡樂比。「匠海」使用瀨戶內海的鮮蝦與藻鹽，不使用人工色素與香料，相當講究，可以說是高級版的「蝦仙貝」。

我常在網路上購買「匠海」，預約總是一下子就爆滿，很快賣光。可見商品即使價格不斐，依舊可以熱銷。

日本麥當勞的創辦人藤田，以販賣便宜但具有價值的商品為目標，他提供價格僅為一百日圓的漢堡，可以說是「麥當勞在通貨緊縮戰中打出前鋒」。同樣的，吉野家等速食餐飲業也緊追在後，打出低價位商品。

一開始，走低價位路線的麥當勞獲得了成功，但是，不久之後，麥當勞的業績就開始低迷，於是只好修改原本的戰略。

原田泳幸從蘋果電腦轉入麥當勞，進入管理階層之後，他改變策略，主打高價位但份量十足的漢堡，企圖修正低價位路線。除此之外，他發現麥當勞裡有許多帶著孩童前來的父母親，這些家庭消費者不見得是為了追求便宜而來。

麥當勞修正低價位路線之後，業績再次提升，根據平成二十四年（西元二〇一二年）二月麥當勞發表的營業額（為平成二十三年十二月份當月總結算），麥當勞出現上市以來的最高營業額。

這些只是一些小例子，但對於類似「不便宜就賣不出去」、「尺寸不小就賣不出去」、「不纖薄就賣不出去」等偏見，或許應該確認一下，以免使得視野變得狹隘。

蒐集不同角度的情報

蒐集國外的事例，可以幫助人們不受認知偏差所束縛。

美國的麥當勞，以午餐時間到傍晚時段最為擁擠，這是因為鄰近的高齡人口會聚集到這裡喝咖啡。

美國麥當勞的歷史十分悠久，從前在麥當勞填飽肚子的年輕人族群，現在

推論角度與問題解決能力

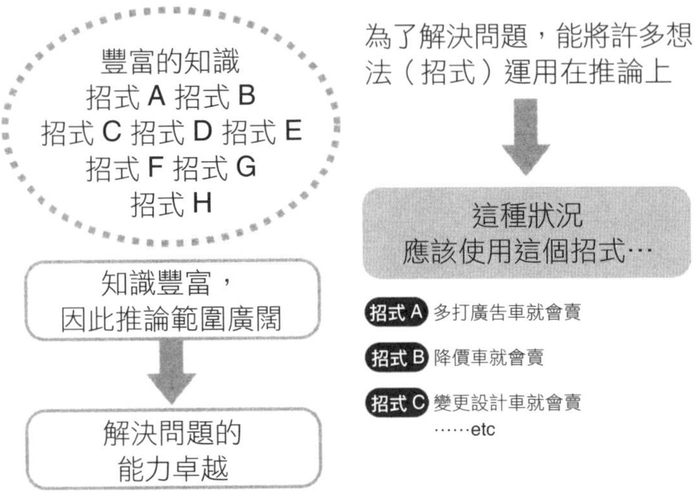
豐富的知識
招式A 招式B
招式C 招式D 招式E
招式F 招式G
招式H
知識豐富，
因此推論範圍廣闊
解決問題的
能力卓越
為了解決問題，能將許多想法（招式）運用在推論上
這種狀況
應該使用這個招式…
招式A 多打廣告車就會賣
招式B 降價車就會賣
招式C 變更設計車就會賣
……etc

成為高齡人口。只要點一杯便宜的咖啡，就能一直坐在麥當勞，因此老年人每天都會到麥當勞報到。相信不久的未來，日本也會出現美國的情形。

以前是年輕人聚集的電玩遊樂場，現在則充滿了高齡人士，連卡拉OK店也成為高齡者休閒娛樂的場所。從這些例子很容易令人預想到，有一天，日本麥當勞也會像美國一樣，變成以高齡者為主要客群。

近來，連日本的便利商店廣告也發生變化，例如7-ELEVEN選用吉行和子（譯註：日本女星，離婚後單身，現年77歲）做為代言人。

進入超高齡社會後，單身高齡者增加，「做菜很麻煩，不如到7-ELEVEN買」，有這種想法的人變多了。這種宣傳策略就是瞄準這些高齡客層。

當高齡者成為市場行銷的主要目標之後，對於「只要好吃，份量少一點也沒關係」這樣的需求就必須特別注意。比起低價位，高價位產品反而更能令人產生好感。

顧客問卷調查無法得到有用資訊

顧客問卷調查，也是市場行銷的一種方法。

願意傾聽顧客心聲，這個態度確實良好，但如果不在問卷的設計上多加用心，有時只會得到毫無幫助的資訊。

分析問卷結果，若只得到「價格便宜一點比較好」、「好吃一點比較好」、「使用不添加農藥的蔬菜比較好」等等理所當然的意見，可能是因為問卷製作者做出了受到偏見影響的問卷。

「您希望我們使用不添加農藥的有機蔬菜的比例是多少？」如果問這樣的問題，想必一定有很多人都會回答「百分之百」，這種理所當然的事，應該事前就能預想到，因此這種問題放到問卷中一點意義也沒有。

為了有效地運用問卷，在設定問題時，必須用不會被偏見所拘束的提問法。

在餐飲店的問卷中，「如果本店開始販賣小玩具，請問您有什麼想法？」、「如果您在家裡做飯，您的菜單會有什麼？」等等，這些比較特殊的問題，會出現不少意料之外的答案，所以我覺得會很有意思。因此，也可採用自由發揮的回答方式，而非使用選擇題。

一旦受到認知偏差的侷限，就很難脫離束縛。因此，必須盡可能與各種不同類型的人討論，並且以不受拘束的看法，製作打破常識的問卷。

「觀察」乃心理學之本

心理學中有許多技巧，「觀察」是其中最為基本的一項。

在市場行銷上，除了收集既有的數據資料，親身觀察所獲得的情報也很重要。

假設在電視上看見「現在○○商品大受歡迎！消費者大排長龍！」的情報，而囫圇吞下這樣的資訊，並在公司企畫會議上貿然提出意見：「現在很流行○○，所以我們也來販售吧。」並不能算是聰明的作法。

以心理學的技巧來說，必須要實際到現場觀察，「計算現場排隊人數」、「統計排隊者年齡、性別及服裝打扮等資訊」、「觀察排隊者所買的商品」等等，取得自己的觀察情報，再從中建立假設。

譬如，當你觀察以後可能會發現，「人潮沒有媒體報導的那麼多」、「排隊的人很多，但幾乎都是帶著小孩的家長，因此實際購買的人並不多」等等。

有時，現場狀況也可能比媒體報導的誇張，「一小時內賣出超過一百個，而且從早到晚排隊人潮都沒停過，的確是人氣商品。」經過觀察，有時可以直接做出這樣的結論。

藉由觀察，可以得到不同於電視的真實情報，由此做出可信度更高的假設。

想要在商場上成功，就不能將既有的情報囫圇吞棗，而要親自到現場觀察，確認資訊，如此一來，心理學技巧才能真正落實。

模仿是實驗心理學的運用

企業中，有的公司堅持原創商品，也有一些公司的策略，是模仿其他公司特點，加以量產而瓜分市場。

社會的觀感則是認為，如蘋果電腦以創新商品在世界奪得一席之地，這樣的公司比較厲害。

看著蘋果的成功，並進而模仿，是運用實驗心理學的一種技巧。

以模仿而嘗試的第二間公司，可以看作是在實驗「是否可以複製成功」，或許會像第一間公司一樣順利成功，便可下結論，認為第一間公司具有模仿價值。

即使受人批評，被罵「炒冷飯」、「模仿」，但相信什麼會賣並且實際嘗試，決不是可恥的事。守株待兔可能沒有第二隻，但同樣的事的確可能重複發生。

PIZZA-LA（譯註：日本著名披薩連鎖店）出現後才有必勝客，星巴克出現後才有Tully's Coffee，但每一間店都走出了自己的一片天空。後起者並非與前人完全相同，必勝客有PIZZA-LA沒有的披薩口味，Tully's Coffee不同於禁菸的星巴克，而是設置了吸菸區。與其創設前所未有的店，不如打造類似但又略有區別的店，成功的可能性較高。

侵害其他公司權利的模仿行為，則是不被允許的，若無犯法，比其他企業更早具備模仿能力，將成功企業的經驗拷貝，是一個聰明的方法。守株待兔的測試，就是一種實驗。

做出特色就能成功

採取與市場上成功企業完全相反的策略，或是塑造個人特色的戰略，我認為都是很有效的方法，這些在心理學上也可以說是「實驗」。

最近我走進上島咖啡屋，忍不住覺得「這真是一間思慮周到的店」。上島咖啡屋不同於星巴克或 Tully's Coffee 等大受歡迎的咖啡屋，它使用漢字作為招牌，對於像我一樣出生在五〇年代的人來說，漢字會讓我們感覺比較沉穩，產生高級的印象。

走進上島咖啡屋，感覺氣氛比美式咖啡屋要穩重，比較像中老年人會喜歡待著的咖啡屋，所以讓人感覺「應該會比星巴克貴」，卻發現其實價位並沒有想像中高。

以為「應該會很貴」，卻發現價錢很划算，人們就會覺得賺到了，所以我忍不住想「還會再來」，這也是一種心理效果。雖然氛圍高級，但價格並無想像中昂貴，不免讓人深深著迷。

正因如此，上島咖啡屋才能與美式人氣連鎖咖啡廳並駕齊驅。

UNIQLO的行銷策略也有類似的情形。由於店裡的氣氛良好，商品井然有序，但價格卻非常親民，相信有不少消費者覺得自己賺到了。

這種策略並非任何人都有能力模仿，能夠散發高級氛圍，同時又能以低價提供商品，這需要規模經濟，只有資金雄厚的企業才做得到。（譯註：規模經濟——藉由大規模生產使成本下降，經濟效益增加。）

如果您任職於資金充足的公司，就可以考慮這種策略。

不怕對手稱霸業界

當一個業界中有獨大的企業時，其他公司常常會有「混不下去」的感覺。

但這種既定印象的思考，有時必須要捨棄。一旦被「贏不過大企業」的既定印象束縛住，就無法打破框架，產生新的發想。

身處獨大企業的業界中，只要能夠鎖定客層，就會有應戰方法。也就是要瞄準空隙。

例如我在預約飯店時，不會使用樂天（譯註：日本最大購物網），而是使用一休網。理由是，我想住的飯店等級，在一休網上面比較多。

樂天上雖然也能以「價錢高低」來排列飯店，但這樣出現在前面的都是高級套房，非常昂貴。而一休網可以先選擇飯店的等級，在操作上很便利。

但是因為使用樂天可以集點，所以我有時還是會想用樂天，卻往往到最後還是回到便於操作的一休網。

這裡點出一個重點。

如果打算開始一個新的網路事業，想要和樂天這樣的獨大企業硬碰硬，基本上是贏不了的。如果以商品完整度、贈品、集點活動等等，想要和資金雄厚的公司對抗，可以說完全沒有獲勝的可能性。

但只要鎖定客層，就會有應戰方法。不要一味認定「贏不了大企業」，只要發現大企業不做的，或者是作不了的事就可以了。

當然，和大企業拼死、一較高下也行。例如，Google 加入當時雅虎雄霸的網路搜尋市場戰局，結果卻贏得勝利。

無視實驗技巧的方法

到此為止，我們介紹了心理學的方法：建立假說、實驗、取得數據，並以此為依據進行行銷策略。但還有一種方法完全相反，**就是完全不考慮市場行銷及數據，以全新的商品問世**。

以這種作法聞名於世的，就是蘋果電腦的賈伯斯。賈伯斯從來都不想「提供顧客想要的商品」，他想提供的商品，是在顧客面前展示之後，顧客才會發現「竟有這樣的東西」，是前所未見的商品。

這個做法必須非常瞭解顧客的心理。大多數的顧客都只會在市面上已有的商品中做選擇。也就是說，他們會想要的是比市售產品更為便利的商品。至於完全顛覆世界的劃時代商品，並不存在顧客的腦中。就算發問卷調查，也不可能發現。

也就是說，這種產品必須由開發者發想「未來顧客會需要什麼」，才可能創造出來。

賈伯斯正是因為站在顧客的角度，才能如此透徹掌握顧客的心理。

在第四章會介紹，這是使用「同理心」的方法。由於能夠同理顧客的想法，進而想到「以後如果有什麼商品會使顧客開心」，才能產生革新。不進行實驗、不分析數據，而是徹底站在顧客的角度來思考，這也是一個有效的方法。

第四章
商場致勝的心理學

客戶的選擇愈多愈好？

在二〇一一年播出的NHK節目「哥倫比亞白熱教室」中，擔任講座的哥倫比亞大學商學院的艾恩嘉教授（Sheena Iyengar），是以果醬實驗聞名的心理學家。

「大多數人都覺得，對消費者來說，選擇愈多愈好，但選擇多真的比較好嗎？」艾恩嘉教授有這樣的疑惑，於是設計了二十四種果醬與六種果醬兩種實驗。

結果發現，準備二十四種果醬時，雖然圍觀的客人比較多，但六種果醬的購買率比較好。從這裡導出「限制選項的情況較佳」的結論。

經過這個實驗，美國許多企業重新檢討既有的商品結構，開始限定商品的項目和數量。

這個影響也擴及顧問業，在麥肯錫等企業中，也開始限定提供給顧客的方案。

若是提供顧客許多選項，「請您選擇自己喜歡的項目」，有時顧客反而會不知從何選擇起，在此建議各位，需事先精選選項，再讓客人從中挑選。

從事業務活動時，這樣的理論也派得上用場。雖然因業界與商品的不同而會有差異，但重要的是要找到最恰當的選項數量，再提供給顧客，才能使營業額提升。

至今為止，企業嘗試過的方式之中，最有效果的選項數量是多少？以這樣的方式來決定選項數量，可讓營業更上一層樓。

商業臨床心理學

前面提到的果醬研究，雖然是能夠運用在業務上的心理學理論之一，但在進行談判等商業活動時，還是以臨床心理學的技巧更能派得上用場。換句話說，就是需要依個案來處理。

基本的作法如下。

「客人希望我們這麼做嗎？」先建立這樣的假設，經由與客人如同抛接球般的互動來確定假設。「所以經過修正，您是希望這麼做嗎？」如此一邊修正一邊觀察客人的反應。

如此一來，就能慢慢接近客人的想法，最後客人終於表示：「對，就是這個。我要的就是這個。」

如果能理解客人的想法，接下來就容易採取對策。

習慣武斷認定事情的人，可能會擅自猜測：「客人一定是想殺價」而主動降價，並斷定「如果送贈品就會接受」而提供贈品。

如果這些推測都猜中了，當然沒關係，但比起價錢，可能顧客更在意故障時的售後服務，或者客人根本不在意贈品，只是看不順眼商品的顏色。

雖然可能會比較花時間，但在與客人的互動中，慢慢接近客人想法，這種方式不僅能幫助營業額提升，也能提高客人的滿意度。

使顧客成為老主顧，是商場上的一大重點。為了達成這個目的，雖然會比較花時間，但徹底了解客人的想法則更加有幫助。

同理心是談判成功的關鍵

具同理心的應對方式，能夠幫助我們揣測客人的想法。

現代精神分析學中定義：「同理心，意指站在對方的立場，為對方著想。」

同理對方立場，這種應對方式，比起不能同理對方，更能改變對方的想法。

假設，談判的對象是中小企業的部長，如果不仔細聽部長說話，而一味說明「我們的商品很棒，希望貴公司能採用」，相信對方也不會表現出太大的興趣。

如果是能採取具同理心的應對方式，業務員一定會仔細聽對方說話，如此一來就能掌握該公司的情報或部長的立場。

有些中小企業的總裁掌握決定權，只要總裁不點頭，部長就不能決定。如果是這樣的公司，就算部長再怎麼滿意商品，也不可能買進。

如果是能以同理心來處理狀況的業務員，會站在部長的立場，想像部長的想法：「部長您願意分享真是太好了，從您的談話中可以了解，如果不能讓貴公司總裁覺得這是很棒的商品，貴公司就不可能採納。」

對方或許會回應：「是啊，我們公司什麼都是由總裁決定的。」或可能脫口說出抱怨的話，這時如果繼續以同理心來應對，部長的想法可能會有所改變。

「那麼，如果要讓貴公司總裁有興趣，要準備哪些資料呢？」

如果這樣詢問，或許可以打聽到總裁的個性，而發現新的推銷方式。

如果總裁是重視數據的人，就可以準備數據資料，由部長轉交，這樣一來，部長就比較有憑據，可以和總裁討論。

站在對方的立場，「如果現在我是部長，我要怎麼做才能買進商品呢？是不是要準備什麼才能說服總裁？」試著這樣想像，想辦法縮短與客戶的距離，成功的機率才會提高。

增進顧客信賴關係的三種心理

精神分析醫師寇哈特（Heinz Kohut）認為，病患會在醫師或治療者身上追求以下三種心理：

1. 鏡映移情（mirror Transference）。
2. 理想化移情（Idealizing Transference）。
3. 孿生移情（Twinship Transference）。

這三種心理不僅反映「醫生—病患」的關係，也符合業務銷售現場「業務員—顧客」之間的關係。

鏡映移情指的是，自己成為鏡子，反映出他人。簡而言之，就是要注意到對方的變化，就算再微小的變化也要出聲誇獎。

這一點可以運用來增進夫妻關係，例如先生若沒有發現妻子更換髮型，就是沒有達成鏡子的任務。

「你剪頭髮了？」只要這樣一句話就足夠。

「你看出來了？」若得到這樣的回應，婚姻就會順利。

銷售現場也一樣，如果是第一次見面還無妨，但若是第二、三次見面，能注意到一些小變化，「前幾天您的聲音聽起來好像感冒了，現在聽起來應該沒事了呢。」如鏡子一般地反映，就能讓對方產生好感。但最好適可而止，以不惹人反感為前提，以免讓人感覺「是個只會說場面話的人」。

「理想化移情」指的是成為他人理想中的存在，讓對方感到安心。

以醫生與病患之間的關係，當病患感到不安時，如果醫生這樣說：「雖然病情無法預料，可能會好轉也會惡化，但來我這邊的病患大多好轉了，所以請放心來我這裡。」可以給予對方安全感。

在銷售現場，或許不能像這樣充滿信心地斷言，但要是客人感覺不安，不妨說「請交給我們，我們不會因為是售後服務就睜一隻眼閉一隻眼，無論是多麼微不足道的問題，請隨時告訴我們。」這麼說可以讓對方安心。

「孿生移情」指的是，使他人能夠理解彼此站在同樣的立場，藉此讓對方安心的方法。

如果對方說：「我們總裁對於任何事都獨自下決定，沒問過總裁，我什麼決定也不能做。」就可以向對方表示自己也有相同遭遇：「其實我們公司也差不多，總裁很獨裁，像我這樣的人老是被罵…」或許對方會回應：「你也很辛苦呢。」

面對不同狀況，可以變換使用鏡映移情、理想化移情、孿生移情等方法，幫助你理解對方的心情。

緊張的人業績比較好？

美國的業務員習慣以口若懸河的方式發表演說，讓人覺得深感折服，使得營業成績提升，因此，業務員都喜歡學習說話的技巧，研究說話的方法。

但是在亞洲，相對於滔滔不絕、舌燦蓮花的業務員，樸實無華的銷售方式比較得人心。

舉例來說，大部分人都認為，汽車公司的業務員要穩紮穩打地銷售，才能讓業績提升。

假設你拒絕多次前來造訪的A公司業務員，你說「我們已經決定使用B公司的車了。」但即使如此，A公司的業務員還是時常與你保持聯絡。「X先生，B公司的新車狀況不錯嗎？」就像這樣，即使已購買B公司的車，還是會寄賀年卡或生日卡片。

如果對方這麼做，持續下去，你漸漸會改變想法，甚至萌生「下次採購時要支持一下A公司」這種想法。

這種逐步滲透，建立信賴感的業務方式，更為適合亞洲人。

從前我在一間汽車公司作員工進修教學，曾聽某位業務負責人說，「我很容易緊張，該怎麼做才能治好呢？」

當時，因沒有時間深入長談，我回答：「我能理解您因容易緊張而難受的心情，但不再緊張並不代表事情會變好，所以要不要考慮與緊張和平相處呢？」

後來我從別人那裡聽說，來找我諮商的那位業務員業績其實非常好，賣掉很多車子。

還好我當時沒建議他「要把緊張治好」。

從顧客的角度來看，看到業務員緊張到結結巴巴，卻還是非常努力說明的模樣，會覺得「這個人看起來很誠實，所以他應該不會說謊。」因此油然生出信賴感。

這正是顧客心理有趣的地方，人們並非只憑理性，而是會跟據信賴感等各種外在因素而決定購買行為。能冷靜地做出最理想的判斷是電腦的優點，但人類並非如機器一般。

要全面掌握顧客的心理，除了正面接觸，還需旁敲側擊，正是基於這個道理。

第五章

正確判斷・決策的心理學

人類的決策並非總是正確

曾獲諾貝爾經濟學獎的心理學家康納曼（Daniel Kahneman），也是暢銷書《快思慢想》的作者，曾在頒獎儀式中提出下述的例子：

假設有一種賭博方式，有50％的機率可以得到一萬五千美元，另外50％的機率是會失去一萬美元，這場賭博對你而言是否具有吸引力？

讀者對這場賭博是否有興趣呢？**大部分人都會回答，「毫無吸引力」，因為得到倍數利益的希望不大，卻必須冒著失去一萬美元的風險，因此許多人都會放棄這場賭博。**

由於有五成機率會失去一萬美元，對於風險這麼高的賭博，人們不受到引誘是能夠理解的。

雖然有50％的機率會喪失一萬美元，但有50％的機率能得到一萬五千美元，所以平均期望值是兩千五百美元。也就是說，只要參加這場賭博，什麼都不做，平均就能增加兩千五百美元的收入。

雖然經過理性思考，會知道這是一個賺錢的賭博，但賠錢的風險卻令人興趣缺缺。

另外，由於每個人原本擁有的資產不同，因此看法也會有所差異。一般人對於風險這麼高的賭博不感興趣，但對於坐擁數億財產的人來說，失去一萬美元不算什麼，比較會願意參加這場賭博。

「行為經濟學」、「行為金融學」的領域，就是以這種因人而異的決策心理為研究對象。

「獲利」、「受損」的不同心理價值

請試著想像如下的狀況。

・如果你被告知，現在的月薪「到下個月會增加一萬日圓」（約台幣三千元），你會有多開心？

・那麼，相反地，被告知你的月薪「下個月開始會減少一萬日圓」，你會有多不愉快？

・接著試著想像，增加一萬日圓時的喜悅，與減少一萬日圓時的不快，哪一種比較強烈呢？

大部分人在能額外得到一萬日圓時，大多會有「這點小錢不值得太過開心」的感覺，覺得「我一直以來都很辛勤工作，所以這是理所當然的」、「煎熬這麼久，竟然只多這麼一點錢」相信有不少人會這麼想。

但聽到要減少一萬日圓，感受則變得憤怒：「開什麼玩笑！憑什麼減少！」或是受到打擊：「怎麼辦！生活過不下去了！」有這種感覺的人也不少。

對大部份人來說，額外獲得一萬日圓的喜悅，比喪失一萬日圓的打擊，令人感受更為強烈。

根據康納曼與塔沃斯基的研究發現，當人們有所損失，感受到的打擊會是兩倍大。這種心理在前景理論（展望理論）中有所探討。

前景理論的想法是，人們並非以錢財的絕對值來做判斷，而是以得失來做判斷。

人們會以某一條線為基準（參考點），區分 Gain（利益）或 Lose（虧損），以此做判斷。

月薪三十萬日圓的人，會以三十萬日圓為基準來做判斷。獲得一萬日圓與喪失一萬日圓，金額同樣是一萬日圓，所以實際上是在比較「三十萬日圓增為三十一萬日圓」與「三十萬日圓減為二十九萬日圓」。而「多一萬日圓」、「少一萬日圓」的想法，與「三十一萬日圓」、「二十九萬日圓」，兩者的心理價值完全不同。

如果能了解人類的這種特性，就可以明白減薪會使人遭受打擊，減低工作動力。因此，要做薪資方面的決策時，可以多參考心理學的知識。

沉沒成本使判斷力減弱

下決策時，所付出的所有成本總和，很容易成為日後的阻礙。

即使已經知道將來完全沒有改善的可能性，但是一想到目前為止所花費的金額，往往會無法做出終止的決定。

有的經營者判斷「已經投資了好幾億元，怎麼可能現在才要罷手」，結果反而使損失如雪球般越滾愈大。

下經營決策時，最重要的是思考今後「會有多大利益」、「會有多少損失」，雖然已經預見明年會有三億的赤字，但是一想到如果「現在放棄，目前為止花掉的十億都白費了」往往就難以下定決心，最終反而導致十三億的損失。

假設這時更換經營者，換成一個不知道過去的投資，與投資也沒有任何關連的局外人，告知他明年可能會有三億的赤字，他肯定會做出「放棄」的判斷。

人類習慣以過去的投資判斷未來，這種過去已支出的成本稱為「沉沒成本」（Sunk cost），會使人無法做出正確決策。

由於已經投資金錢、努力、時間，因此會繼續努力下去，心理學家阿克斯等人（Arkes and Blumer）將這種心態稱為「沉沒成本效應」。

在公共建設的決策上，經常可見「沉沒成本效應」，就算政府已經知道工程的運轉維護費要花費大筆金錢，累積虧損只會越來越多，但一想到「到現在為止已經花了數十億，現在停止一切都會白費」就難以終止，這種例子很常見。

國外最有名的例子是「協和號客機計畫」，由於成本過高，人們早已知道協和號飛機不具任何經濟效益，但是因為惋惜已投注的巨額資金，而遲遲無法做出中斷計畫的決定，即便如此，最終依然停止飛行計畫。

除了金錢上的成本，還有心理上的感覺，一想到「都辛苦了這麼久」、「耗費了這麼多資源」，人們就會受到過去的繫絆，無法做出正確決定。

這是一個決策時必須注意的重點。

不可太過相信機率

行為經濟學指出，人類對機率的樂觀判斷，就是人類無法理性思考的實例。人類時常會過分樂觀地看待發生機率較低的事物。

想想樂透彩，就能理解這件事。雖然樂透彩的中獎機率極低，幾乎不可能中獎，但許多人還是抱著「說不定會中三億」的想法，懷著希望等情緒，而高估了機率。

有時人們也會因為不安而高估機率，例如生病。假設得到某病症的機率是5％，「太好了，95％的人不會得到」很抱歉，幾乎不會有人這樣想，而是不斷煩惱「好擔心，怎麼辦？我是不是那5％？」這種消極思考的人不在少數。

近期有日本福島輻射造成健康傷害的例子，輻射會對健康造成危害的機率，雖然在媒體上公開的數字很低，但人們主觀認定的機率卻不低，許多人認為「一定會危害健康」而非常憂心。

機率的數字大小，並非判斷的唯一因素，人們具有這樣的特性。

我認為這也時常發生在工作的決策場合中。有時，人們會過分高估成功機率極低的事物，而下了太大的賭注。

機率的判斷往往會受情緒左右，如果處於興奮的躁鬱狀態，人們常會覺得做什麼都會順利，此時不僅低估風險的機率，也高估成功的機率。

與此相反，處於非常低落的憂鬱狀態時，人類會傾向於過分放大風險，並小看成功機率。

隨心情不同，人們對機率的判斷也會有所不同，因此，進行決策時，最好先確認自己是否正受到情緒左右。

非理性思考扭曲了判斷

人類並非總能以理性判斷，有時受到非理性思考左右，造成決策或判斷不合常理。雖然平時的思考力可做出正確的決策，一旦陷入非理性思考，則往往會失誤。

在景氣好的時期，就算決策上出了差錯，只要花點時間就能重新再來。但在景氣持續低迷、艱困的時期，一個決策可能就能撼動職場與公司的命運。**由於每一個決策的影響力都變大了，因此如何不受非理性思考的擺布，就變得更加重要。**

具代表性的非理性思考有以下幾種，如下頁表格。

非理性思考事例

・兩極化思考	・災難化
・完美主義想法	・貶低化
・過度類化	・情緒化推論
・選擇性注意	・「理所當然」的口氣
・否定正面部分	・貼標籤
・讀心術	・個人化
・預知	

「敵」、「我」兩極化思考的危險性

在非理性思考中，一般來說，人們最容易掉入兩極化思考的陷阱。這是一種絕對區分白黑的思考法。

在兩極化思考中，最典型的例子是，將他人全部分成不是「敵人」或是「同伴」。

有些獨裁型領導者會將表達意見的員工全部視為敵人，即使員工是為公司著想才說出自己的意見，獨裁型領導者也不會感謝，而會將提出意見的人看作敵人。這樣子的領導者有辦法做出無失誤的判斷嗎？實在是令人懷疑。

除此之外，欲將「敵人」排除於團體之

外，也會產生壓力。即便是一流的公司，也常會出現將呈報問題者視為敵人，將之排除在外的情形，甚至等到問題變大，媒體報導之後，公司才終於注意到判斷失誤。

那麼，是否被定位成「同伴」的人就沒問題呢？也不是這樣。獨裁型領導者視為同伴的人，會變得唯唯諾諾，就算心有疑慮也不敢直言，這也會阻礙領導者做出正確判斷。

在心理學領域中，將明確區分成白與黑的兩極化思考，視為由於無法忍受認知的複雜性，而產生的精神上不成熟。因為曖昧的灰色會加深不安的情緒，因此選擇不是白就是黑。

因此經常造成貿然論斷「善惡」的兩極化思考，尤其是電視節目。電視台總是猛烈抨擊嫌疑犯，當話題轉到被害人，只選擇性地報導賺人熱淚的故事。

看見這些報導之後，觀眾會受到很深的影響，認為「這個犯人果然是個大壞蛋」、「被害人這麼好，太可憐了」而將善惡兩極化。

但有時終於真相大白，甚至最後發現嫌疑犯是清白的，而被害人才是真正的犯人。

在情報還不足時，就斷定「這個人是壞蛋」、「那個人是好人」有時會導致間接傷害，向社會傳遞錯誤的印象。

世界上沒有百分之百的好人，也沒有百分之百的壞人。雖然是壞人但也有好的一面，雖然是好人但也有缺點，以平衡的觀點看待世事，才能做出正確的判斷，僅僅是主觀論斷事物的兩極化觀點，非常危險。

想要正確判斷，必須時常檢視自己是否落入兩極化的思考。

世界上不管什麼事情都會有例外。蘋果電腦的賈伯斯就是一位極端思考的人。他對於意見的想法，只有「精闢的意見」和「垃圾」兩種。對於人，只分成「傑出的人才」和「廢物」兩種。

而大多數人事物都被他看作「垃圾」與「廢物」，但這是為了做出最高等級產品才形成的兩極化思考。

完美主義的陷阱

「一定要一百分才行。」這是一種完美主義的想法，但有時反而造成錯誤判斷。

世界上大多數的事情都沒有一百分滿分，一百分應該只出現在中小學的測驗中。

從學生時期，人們就參加學校的各種考試，因此常會錯覺一百分是存在的。特別是頭腦聰明，從小到大考試成績總是一百分的人，更是容易困在一百分滿分的幻想之中。

現實世界中，例如東京大學的入學考試，以其中一門學科測驗來看，不僅幾乎沒有以滿分及格通過的人，也沒有考到滿分的必要。入學考試中，只要考到及格最低標準，就算是及格。以東大來說，隨科系不同會有差異，但以及格最低標準入學的人約占五～七成。所以滿分進入東大的人是沒有的。

在職場上也不存在滿分。雖然在幻想中交出完美成品的身影非常動人，但若覺得「一定要拿一百分」，不管耗費多久時間都無法讓想法商品化。

在時間有限、預算有限的商場上，某些部分必須妥協，在及格標準內盡可能提供最精良的產品，這種態度非常重要。

完美主義者因為無法以這種方式思考，會因此判斷失誤。

在公司內部提出報告的期限之前，自認「這種程度的東西不行，我要等做出更棒的報告再呈交。」這樣自行決定並採取行動，結果無法在期限內交出報告。趕不上截止期限，就是零分，甚至還會有負面評價。

與其他公司進行談判時，如果採取「不拿到一百分就要繼續纏鬥下去」這種做法的人，即使對方讓步，也可能會因不滿意成果只有八、九十分，而導致談判破裂。

完美主義的人即使做到八、九十分，卻可能會認為結果只有零分或負分。

主觀論斷的「過度類化」

只看見事物的一部分，就過度放大為整體，這種思考模式稱為「過度類化」。

若新進員工與自己的價值觀相左，便擅自斷定「現在的年輕人都⋯」，這就是過度類化的一個例子。

這可能只是新進員工本身剛好有一些奇特個性，如果只因為一個人就判定所有年輕人也一樣，說不上是恰當的判斷。

如果抱持著這樣的偏見，和新進員工的溝通方面就可能會出錯。

有些人剛好得知某些消息，便以此為依據，擅自論斷「現在正流行這個」、「老人都會有這種行為」，這種人很容易做出錯誤判斷。

得知某些消息後，產生「或許大家都○○」的假設，並不是一件壞事，但若主觀定論「大家全都○○」，往往會產生風險。

只見過一、二事例，便將之引申普遍化，這種過度類化是一種非理性思考，會造成判斷或決策錯誤。

非理性思考模式

到目前為止介紹過的「兩極化思考」、「完美主義思考」、「過度類化」等，都是代表性的非理性思考模式。

接下來則大略介紹其他的非理性思考模式。

〈選擇性注意〉

從整體中抽取某些部分的思考模式，稱為選擇性注意。

例如市占率高的公司，員工只認為「我們市占率最高」，而沒有發現市場已出現新趨勢而因此延誤決策。

〈否定正面部分〉

敵對公司研發出新技術，個人雖然認同，卻無法坦率地產生想要效法的念頭，甚至產生負面否定「對方的作法總有一天會完蛋」，這也是阻礙人們做出適當判斷的原因之一。

〈讀心術〉

「只要看部長的態度就知道，部長一定很討厭我。」讀心術是一種自以為能解讀對方想法的思考模式，所以主觀判斷有時只會讓事態更為惡化。

〈預知〉

前面的讀心術是一種自以為可解讀他人想法的非理性思考，而以為自己能預測未來，並以此主觀論斷事物的思考模式，則叫做預知，如「未來什麼好事都不會發生」、「反正這項商品根本不會受歡迎」、「這次的投資一定會賺」

等。與判斷他人想法時一樣，個人偏見會影響自己的觀點，結果導致事態更加惡化，或使商業失敗的可能性增加。

〈災難化〉

「不管做什麼都不會好轉」、「我已經完蛋了」、「充滿絕望」，這種想法叫做災難化。因失敗而沮喪是人之常情，但若演變成災難化，則會無法從失敗中學習，也無法善用失敗經驗做出正確判斷。

〈貶低化〉

有些人儘管有專長，卻常常覺得「專長完全派不上用場」，這種人會漸漸會變得無法增進或活用自己的專長。

此外，假如員工認為「我們公司一點也不出名，沒什麼了不起」，有時也會變得不敢迎接新的挑戰，導致無法做出積極的判斷。相反地，若高估自家公司的實力，也會導致判斷錯誤。

〈情緒化推論〉

景氣好時洋洋得意，景氣差時悶悶不樂，這是人之常情。但是，過度沉溺於這樣的情緒之中，會變得只用自己的主觀想法來判斷事情，結果招致失敗。

泡沫經濟時，社會上充滿「沒有不可能」的氛圍，受到氣氛誤導，許多投資者做出超過自己能力的投資。

〈「理所當然」〉

「應該…」、「必須…」經常這麼思考的人，對於理想過分執著，有時會無法做出彈性判斷。

另外，如果上司「絕對不允許犯錯」，好惡感非常強烈，使得員工在做小報告時都會擔心錯誤，管理狀況只會愈來愈惡化。

錯誤當然盡可能越少越好，但誤以為「不能出錯」就是「不會出錯」，可能會使判斷力出現問題。

〈貼標籤〉

喜歡幫別人貼標籤，分成「勝利組」、「失敗組」、「改革派」、「保守派」等，也是使判斷出現問題的一個原因。把別人貼上標籤，認為「那傢伙是保守派的，一點用也沒有」，或產生「反正我是失敗組，什麼都做不成」的念頭而垂頭喪氣，可能都會使人無法做出適切的決策。

〈自我化〉

新產品上市時，如果出現「這是我想出來的，完全是我一個人的功勞」這種想法，表示他是個人主義十分強烈的人。一旦有人覺得功勞全是自己的，就會忘記職場中眾多同事的協助，已遠超過自己實際付出的心力，這樣不僅易使判斷出錯，也會被同事討厭。

自我化有時會與責任感連結，例如面對團隊成員的失敗，有些人會覺得「這都是我的錯」，因此有時會突然遞交辭呈，做出錯誤的進退判斷。

認知失調造成判斷失真

詢問吸菸者與非吸菸者：「你覺得喜歡抽菸的人，比例有多少？」會發現吸菸者認為喜歡抽煙的人，比實際的要高，而非吸菸者認為喜歡抽煙的人，則比實際低。

這是因為吸菸者傾向認為「抽菸的人比較多」，而非吸菸者則容易覺得「現在的人幾乎都不抽菸了」。

在判斷事物時，人們會傾向於有利於自己的說法，而無法接受對自己不利的訊息。

就算吸菸者看到「香菸會提高罹患肺癌的可能性」也不會接受，甚至還會出現「吸菸者也有高齡人士，所以吸菸卻長壽的人還是存在的」這種想法。

相反地，如果他們見到「吸菸可以減輕壓力」、「吸菸可以瘦身」等資訊，就會覺得「對，就是這樣」感到非常認同。

而非吸菸者就算看到宣傳香菸益處的資訊，也會覺得「這個資訊有問題」而拒絕接受。

沒有人願意接受與自己想法背離的資訊。**接受與自己想法背離的資訊，就等於承認自己既往的想法都是錯的，這樣會讓人產生矛盾。如果自我認知與外界的資訊不一致，就會產生不安、矛盾的情緒。**這種現象稱為「**認知失調**」。

認知失調會讓人情緒低落。為了讓自己的認知顯得正當，人們不願接受與自己想法背離的資訊，這種防衛機制有時會造成判斷錯誤。

例如，有些高齡人士受到詐騙集團欺騙，卻仍不認為對方是錯的，也是因為這種心理在作祟。

不管親友如何好言相勸，仍不予理會，堅持認為「對方是好人，不可能會騙我」。這是因為一旦承認「對方從一開始就打算騙我」，就等於承認自己的愚笨與錯誤，會令人相當難堪。

為了避免這種難堪，人們反而會改變認知，轉而認為「對方不是會做這種事的人」、「一定有什麼原因」、「公司這麼要求，他當然只好照辦，他也是受害者」。由於不願承認自己被欺騙，導致常常被欺騙、詐取錢財。

在公司經營上，有些經營者不願承認自己的失敗而導致認知失調，甚至可能會導致嚴重的錯誤判斷。

拘泥於既定印象的錯誤判斷

人們看到椅子，為什麼就能馬上判斷「這是椅子」？

第一次看到椅子，不會知道椅子是什麼，父母告訴我們「這是椅子喔」，我們才漸漸學會什麼是椅子。一開始可能會用「有四隻腳就是椅子」的方法來判斷。

假設你後來看見一隻狗，狗有四隻腳，你可能因此以為牠也是椅子。但是父母會告訴你「這是狗」，於是你學會，就算都有四隻腳，但狗和椅子還是不一樣。

既定印象案例

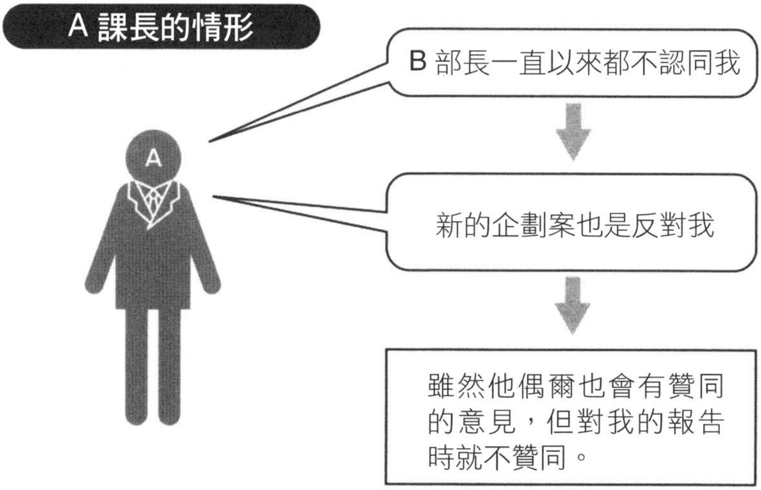
A 課長的情形
B 部長一直以來都不認同我
新的企劃案也是反對我
雖然他偶爾也會有贊同的意見，但對我的報告時就不贊同。

一旦被自己既定印象的偏見所支配，腦中就只會篩選進入與既定印象相符的資訊，因而無法做出合理的判斷。

在看過許多不同事物後，學習「這是椅子」、「這不是椅子」，腦袋裡就會形成「這種東西是椅子」的固定認知模式，這種固定認知模式叫做**既定印象**。

看見某一事物，能立即判斷「這是椅子」，是因為既定印象。就這層意義而言，既定印象對人類的判斷是非常重要的。

但是一旦形成既定印象，人們反而會因拘泥於既定印象而犯錯。我們可能看見現代藝術作品，以為「這是椅子」，卻發現其實是「桌子」。

既定印象常常與偏見或主觀印象連結，阻礙我們做出彈性判斷。有時我們甚至完全沒發現自己帶有錯誤的既定印象，無從修改。

試著想想下面這個例子。

假設有一個人因為陸續接收到一些訊息，因而形成「東京大學學生個性不好」的既定印象。

碰巧有一次他在居酒屋，旁邊坐的客人就是畢業於東京大學，是一個好人。這時如果他能因此產生「東大生裡也有個性好的人」這種想法，就可以修正自己的既定印象，但有些人反而只會覺得「喔，這個人很不一樣，雖然是東大生，個性卻很好」而不去修正自己的既定印象。

假設這樣的人在其他場合再度遇見個性很好的東大校友，但或許還是會覺得「唉呀，我又遇到個性好的東大生了，連著兩次遇見好人，我可真幸運。」

這樣的人不僅不會改變自己刻板的既定印象「東大生個性都不好」，反而還會認為自己遇見的兩個東大生是例外。或許他在以前從沒遇過東大生，只是從媒體報導中得到「東大生個性都不好」的既定印象，卻從此都無法擺脫自己的既定印象。

既定印象屬於一種固定認知模式，能使情報處理的速度加快，非常有效；但如果既定印象過於強烈，反而會變得無法修正。

在商場上，過去的成功經驗常會變成強烈的既定印象。「到現在為止，使用這種做法都進行得很順利」、「一直是用這個方法成功的」，這樣的偏見如果太過強烈，就會讓人因誤判而決策錯誤。

既定印象非常頑強，如果不加以留心，就不容易從既定印象框架中跳脫出來。

為了正確決策，需要後設認知

以上，我們看過各種會使判斷或決策出差錯的原因，有「偏見」、「既定印象」、「非理性思考」、「心情」、「沉沒成本」等多種。

「後設認知」之後要「行動」

後設認知

站在第三者立場，
客觀審視自我。

讓自己進步

缺乏行動的「後設認知」

自我分析時產生
模擬兩可的錯誤
決策。

為了讓決策品質提高，我們必須客觀地重新檢視，自己是否受到上述眾多因素的影響。

客觀地審視自己，這在心理學上叫做「**後設認知**」。**後設認知指的是，了解自己的認知模式，客觀審視自己的認知是否受到任何事物的影響。在判斷或決策時，建議你不妨稍微停下腳步，練習後設認知。**

比起後設認知，更為重要的是在後設認知之後的行動。客觀檢視自己之後，讓自己往更好的方向改變，這就叫做「**後設認知行為**」。

例如，考生在看見模擬考的結果之後，後設認知開始運作，因而察覺「自己常常計算錯誤」。

如果只是注意到一件事，但不採取任何行動，就只是單純後設認知的知識。如果考生能夠善加運用所察覺到的現象，加緊練習，動手改變，才有辦法往更好的成果邁進。隨後設認知而來的行動，才能真正改變結果。

假設你發現：「我會隨著心情不同而做出不同決定」，此時如果覺得「因為我很善變」，覺得迅速改變心意沒有關係，這樣的人就無法讓決策的品質向上提升。由於善變而判斷或決策失誤，這種例子不勝枚舉。

只要發現錯誤，就應該改進。「不要被心情左右」、「現在有點樂昏頭，應該收心了」，倘若能這樣思考並修正，才能做出正確的決策。

即便已察覺自己的認知模式，還是有可能無法立刻改進，也有可能已經嘗試改變，卻連連失敗。但是，從這些失敗中學習，更加警惕自己「下次不要失敗」，這樣就能慢慢地改變自己。

運用後設認知並改變自己，就可以提高判斷正確機率，使失誤降低，或達成正確決策。

第六章
解決問題的心理學

認知心理學協助解決問題

在工作時會產生各種問題，本章將要為各位讀者介紹，能幫助我們解決工作問題的心理學。

在心理學中有一個領域稱為「認知心理學」，認知心理學是研究人類智力活動的心理學，可用來解決問題。

認知心理學的特徵，是將人的思考活動看作是電腦。為了思考，我們必須先輸入情報（input），根據情報，推論（演算處理）出結論（output）。

在這個過程中，重點在於推論的部分。即使消息的來源相同，只要推論方法不同，結論就會不一樣。在商場上有個故事，常被拿來用作範例，這個故事有兩位主角，他們都是到未開發地區賣鞋的銷售員，聽完這個故事，你可能會比較容易理解。

在一個未開發地區，大家都沒有穿鞋子。

一位推銷員看見當地人都沒有穿鞋，認為「鞋子在這裡是賣不出去的」。另一位推銷員卻覺得，「因為這裡的人都沒穿鞋，以鞋子市場來講說，有很大的商機！」

兩位推銷員同樣輸入了「當地人沒有穿鞋子」的情報，可是得出的結論（output）卻是相反的。一位得出「賣不出去」的結論，另一位則得到「賣得出去」的結論。

所以，即使情報相同，卻會得出不同的結論，人類思考活動有趣的地方就在這裡。

雖然認知心理學把人的思考活動比喻為電腦，但人的頭腦跟電腦還是有所不同。

認知心理學的特徵

思考活動	電腦
輸入情報	input
推論	演算處理
結論	output

問題解決能力

電視上經常播放益智節目，聰明的藝人們在猜題時大顯身手，讓觀眾們覺得他們「好厲害！」

不少益智節目是以測試記憶力為主，這是一種輸入情報的能力競爭，在腦中推論並得出結論，經常獲勝的人，表示在記憶力方面有著優異能力。

可是如果從另外一個角度來看，這只是在展現知識，並不需思考。益智節目無法測量表演者的思考能力。想要知道真正的思考能力，可以從表演者平時的工作來判斷。

常出現在益智節目中的やくみつる先生（yakumituru，日本漫畫家），我覺得他不僅具有豐富的知識，也具有很高的思考能力。他不僅會畫有趣的漫畫，逗人大笑，對時事問題的發言具有獨特的觀點，具有說服力，我認為，像這種人才是真正聰明的人。

一般認為，記憶力好的人就是「聰明」，覺得自己知識不足而感到自卑的人，看到知識很豐富的人，就會覺得對方「好厲害！他什麼都知道，很聰明。」

可是，隨著電腦科技的發展，這種記憶力的價值相對降低了。記憶力有如電子辭典的功能，即使有著天才般優異記憶力的人，也比不上電子辭典或網路。在這個時代，不管記憶力多差的人，只要很會運用電子辭典或網路，就能在很短時間內，找出更多的情報，比記憶力好的人所擁有的知識還要多不知多少倍。

跟其他能力比起來，我們未來所需要的不是記憶力；不是問我們「知道什麼」，而是問我們能不能根據已知的知識，做出「解決問題的計畫」。

• 在這個家電製造商如 Panasonic 及 SONY 等，無法在電視產品中賺錢的時代，要製造什麼商品，才能使消費客產生購買欲望？

• 從前暢銷的商品開始滯銷了，該如何解決問題。

- 如何解決國家年金不足的問題。
- 如何解決醫療崩壞的問題。

我們現在需要的，是能解決這些問題的能力。由於各個領域的問題都變得複雜又嚴重，我們身處在這樣的現代社會裡，可以說是被迫具備運用思考的能力，一點也不為過。

沒有「正確答案」

要如何做，才能引導出解決問題的答案呢。

請先忘掉學校的考試或益智節目，如果你受到那些形式的限制，你會想要得到「正確答案」，可是，社會上許多問題，其實都沒有固定的「正確答案」。

為了讓自己的思考領域更加擴展，可以利用實驗心理學的方法來思考。前

心理學的思考過程，可以直接運用在商業中

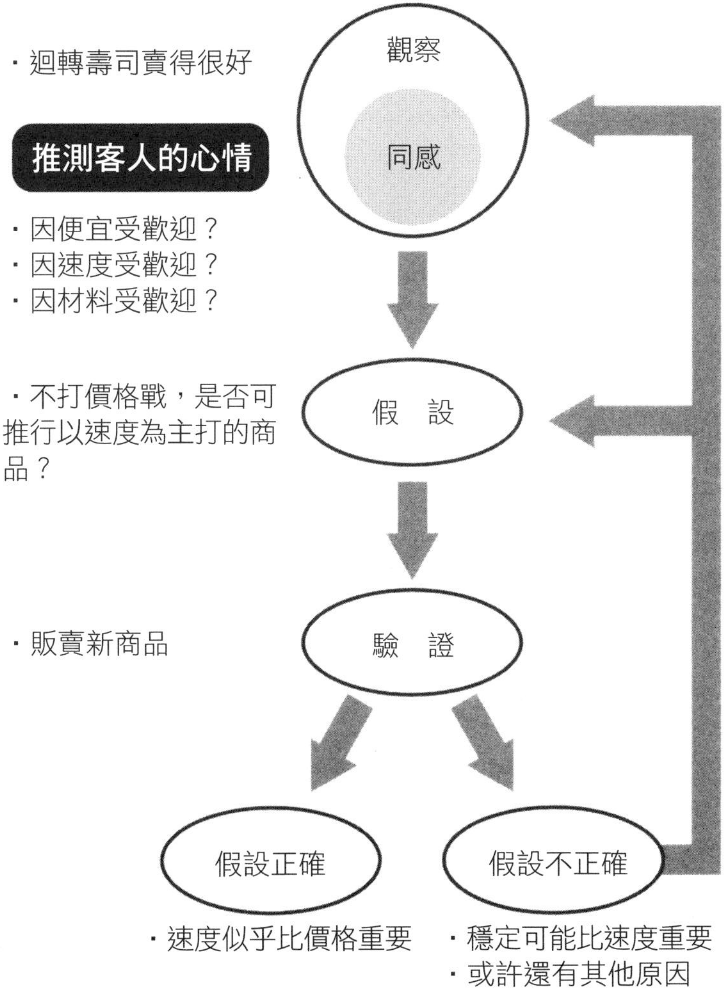
・迴轉壽司賣得很好
觀察
同感
推測客人的心情
・因便宜受歡迎？
・因速度受歡迎？
・因材料受歡迎？
・不打價格戰，是否可推行以速度為主打的商品？
假 設
・販賣新商品
驗 證
假設正確
假設不正確
・速度似乎比價格重要
・穩定可能比速度重要
・或許還有其他原因

面曾經介紹過，實驗心理學的主要過程為「假設→實驗→檢驗」。首先，我們要做的是「假設」。

思考解決問題的方法時，別想著要交出「正確答案」，先以「假設」來思考。如果想成自己是在思考「假設」情況，比較不會拘泥於「正確答案」即使做錯也沒關係。

在現實社會裡，常常出現一種情況，在我們實行自己以為「正確」的方案後，發現該方案其實是「不正確」的。如果先思考「假設」，再進行實驗來檢驗，這樣就可以知道究竟是「正確」還是「不正確」。

由於資金或人員方面的限制，因此要嘗試全部的假設方案是不可能的。但至少在提出計劃的階段，不要在意限制，先積極地提出各種假設方案，使整個過程更有效率。

這種時候，可能會出現不成熟的意見。

即使是假設，但若提出「請鹹蛋超人來救命」這種方案，想必沒有人會理你。想要打破固有觀念的框架，同時也要兼顧到提出的方法是否會淪為異想天開或不切實際。而關於方案實現可能性的討論，則可以等到方案蒐集完成再來進行。

我認為，首先要試著提出多個假設方案，然後再來篩選，看看哪一個假設方案實行起來較恰當。

根據統計數據，做出假設

建立假設時，不要從零開始思考，請根據既有資料來構思，才是較為明智的方法。

世界上已經有很多統計數據或資料，只要上網就可以查詢各國家機關公布的統計資料，不妨根據這些數據建立假設，或許可以更快找到解決問題的關鍵。

媒體經常報導人口或生活方式的統計資料，例如曾經報導過關於男性未婚率的資料。如果有一間公司的商業計畫，大都是建立在「五十幾歲的男性，已婚」的前提而成立的，而統計資料中有兩成男性為單身，也可以「五十幾歲單身者」為服務對象，達成計畫成功的可能性。

這時，或許可以提出假設，「若開設以五十幾歲單身者為主要對象的餐廳，是否可以成功經營？」並認真思考該怎麼做才能吸引這個年紀的人，也許會因此有新的點子產生。

以居酒屋的店面設計為例，一般人總會以過去自己和朋友一起喝酒的經驗為前提，來進行設計，但今後應該思考的，是單身喝酒的人也能喜歡的設計，例如增加櫃檯座位，或轉變成小型料理店風格等等。

近來保齡球館或ＫＴＶ等場所，也開始提供一個人就能享受的服務。如果這些服務成功，就可以拓展到其他領域，開發一個人享受的服務，應該也有成功的可能。

當然這些只是假設而已，必須要經過檢驗，才能知道假設是否正確。

可是，如果沒有提出假設，就無法檢驗，所以，請利用社會上的各種資料或觀察到的結果，來提出各種假設吧。

檢驗情報是否中立

建立假設時，要注意情報是否中立，如果根據偏頗的情報來建立假設，假設也會不中立。

人類會傾向蒐集對自己有利的資訊。

譬如，在探討核能問題時，擁核派會傾向蒐集核能的好處，或以擁核派意見的資訊為主，尋找國外事例，也只會找美國或法國等擁核國家的例子。相對的，反核派則傾向於蒐集報導核能危機的資訊，情報來源會以反核媒體為主，收集的國外事例，則會集中在德國或義大利等。

使用與自己意見相同的消息來源，固然對支持自己的論點比較有利，但範圍就會受到限制，變得像已經有定論的假設，不見得是否真能解決問題。

在商場上，如果收集到的資訊是不中立的，就會受到框架的限制，無法建立具有包容性的假設。

比如說，試著想想「以自動販賣機販賣台幣三〇元的寶特瓶飲料」這個案子。

對經營者來說，如果他們因為不常逛街，就會認為「自動販賣機就只有賣三〇元飲料」這種想法，因此他們可能會想到「把自動販賣機的商品價格改成二五元會不會更熱賣」的假設。

但事實上，市面或許有很多賣二〇元飲料的自動販賣機，因此不知三〇元的飲料價格能否對抗二〇元的。

有些機能性寶特瓶飲料，價格比較貴，介於三〇元到四〇元區間，因此認識到這個情報的人，可能會做出假設，認為「如果是對身體有益的飲料，即使價錢比較貴，也可能會暢銷」。

但此情報還是有偏頗的可能性，機能性寶特瓶飲料成功的原因，可能不只是因為具有某些效果，或對身體有益，因為有些健康飲料雖然也具有類似的訴求，但不見得會暢銷。

於是有人會據此提出假設，認為「改變販售方法，就能以較貴的價格販賣健康飲料」，而不是「因為對身體有益，因此可以較貴的價格來販賣」。

為了把假設的範圍變廣，就需要國外的情報。例如在美國，自動販賣機販售一美元的可樂，但在超市裡只賣29美分，價格有極大的差距。根據這種情報，在價格方面能提出更多種假設。

如果收集到很多以低價販售成功的例子，就可以提出「是否價格降低就會暢銷」的假設，而如果收集到很多高價成功的例子，則會提出「即使很貴，但若是好商品就會暢銷」的假設。如果消息太少或消息不中立，則假設的範圍會受到限制，精確度降低。為了解決複雜的問題，需要收集大範圍的情報，並提出各種層面的假設。

另外，在商場上，要先排除別人已經驗證失敗的假設，以提高效率。如果已知某種假設失敗，就沒有必要特意重蹈覆轍。

相反地，也有一種做法是去蒐集失敗的假設，並重新深入分析。透過這種做法，可以得到新的靈感，或許可以提出改良版的、更好的假設。

檢驗是否受到個人立場所影響

我們應該注意，自己本身是否存在妨礙假設的阻力。

第五章在介紹正確決策時已提過，如果有既定印象或偏見，會令人難以逃出框架，使得思考範圍日益狹隘。

有時候，人們會受個人立場的影響，變得無法靈活地看待事情。

在東京的大企業工作，年收入一〇〇〇萬日圓的人，無法想像鄉下窮人的生活。如果把自己的立場當做前提來思考，會受限於「低價出售就無法獲利，做出附加價值高的商品，才能以高價出售」的想法。

如果去鄉下，看到車站附近有很多倒閉的店，就可以明白鄉下的市場究竟如何緊縮。根據實際調查，有許多鄉下的家庭，全年總收入為二百至三百萬日圓。（註：日本家庭平均收入約六百萬日圓。）

甚至在大都市如大阪，也有貧窮問題。在電視上常提到，大阪的社會救助

假設與同理心的商業心理

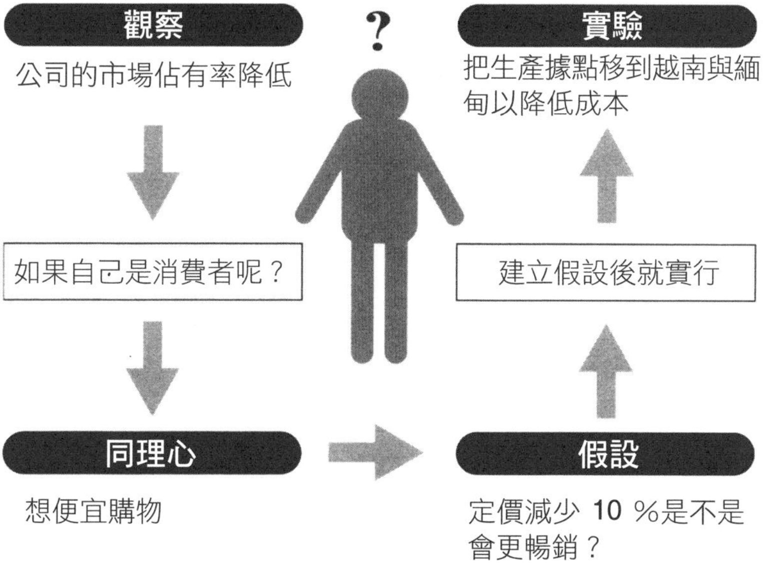
觀察
公司的市場佔有率降低
如果自己是消費者呢？
同理心
想便宜購物
假設
定價減少 10 %是不是會更暢銷？
建立假設後就實行
實驗
把生產據點移到越南與緬甸以降低成本

建立假設後，開始實驗・驗證。
做不出成果再重新建立假設。

率一直居高不下，雖然其中可能也包含一部份的非法竊取，但市民的平均所得變得相當低，是不爭的事實。

如果只是站在個人的立場來看社會現象，就無法進行整體思考。領高薪的人可以試著想像，「如果明天我被解雇，收入歸零之後，我會選擇買什麼東西？」這麼做會很有幫助。

低所得的人也一樣，

會傾向於從低所得者的角度來思考，所以當他們想像「如果自己飛黃騰達，變成富翁」，則可以得到不同的假設。

先前已經介紹過，在心理學中，把站在別人的立場想事情的情況，稱為「同理心」（請參照第四章），用同理心可以提出視野較為寬廣的假設。

在日本社會中，貧富差距已逐漸擴大，但差距愈大，愈要提出以單一客層為主的假設。

・高所得階級。
・中產階級。
・非正式員工或打工族等低所得階級。
・依賴社會救助生活者。

每一種所得階層，需要的東西都不同。很久以前日本有個說法叫「一億總中流」，指的是日本國民之中，大多數人都覺得自己是中產階級，但這已經與實際情況不符。如果受到「一億總中流」的假想世界所限制，就無法提出不同的假設。

在貧富差距極大的美國社會，根據客層不同，商品和價格也會不同。在紐約某些地方吃不到價格十美元以下的午餐，而另一方面，向北方走兩公里的地方，就可以找到價格平均低於三、四美元的午餐。按照工作階級和年收入的不同，商品和價格就會有差異。

每個國家應該都有類似的情況，這麼一來，我們就能預想到，總有一天，連鎖店「全國均一價」策略失敗的時代將會來臨。

例如，現在位於都市中心跟郊區的牛丼價格都一樣，但相信以後會出現某種策略，提高都市中心的牛丼價格，降低郊區的價格。都市中心跟郊區的差異包括店租、時薪，此外，還有附近居民的所得水準也不同。

這一種假設的做法是，在居民平均所得較低的地區，根據消費者的收入而降低商品的價格；對於都市消費者，則提供高價的高級商品。

但這些都是假設，試做或許會成功，但也有失敗的可能性。如果由全國分店一起進行假設會有風險，所以可以只在一些店鋪試行。

不管是商品策略或價格策略，在考慮問題的解決方案時，重點在於必須從多種角度和觀點來建立不同的假設。

為了檢驗自己是否受到個人立場的限制，使得假設的範圍受限，可以使用第五章介紹的後設認知，重新客觀地檢視自己，修正錯誤的地方，這麼做非常有效。

第七章
心理學充實人生

人際關係與同理心

在本章中，我想探討將心理學應用在人生的方法。人生的主題範圍很廣，在此則集中討論有關人際關係、金錢與健康的主題。

建立人際關係，「同理心」是基礎（請參照第四章）。

請想像一下，你的朋友因失戀而消沉，你跟戀人則交往順利。

在這樣的情況下，如果向對方說，「不要那麼消沉啦，這個世界上還有很多女生（男生）。」來安慰對方，就不算是具有同理心的反應，對方搞不好會回你，「因為你自己感情順利，才會說這種話！」你自以為在安慰對方，但反而惹對方生氣。

能以同理心回應的人，會站在對方的立場，想像如果是自己被甩掉會有什麼感受。

「我確實會感到很沮喪，我跟你一樣，如果失去現在的戀人，不知道自己能不能活下去。」

能說出這種話的人，才算是有同理心的人。

得到別人的認同，會讓人心情變得穩定，感受到「得到別人的理解」，更會覺得擁有朋友是彌足珍貴的事。

為了讓兩人的關係變得緊密，同理心的態度也很重要。除了上述舉例的朋友關係以外，在親子關係、夫妻關係、戀人關係、上司跟部屬的關係中，同理心的態度，都能加深人際關係。

捨棄「理解對方的幻想」

在夫婦關係、親子關係上，大家普遍都具有同理心。如果妻子或先生感到痛苦，另一方也會覺得痛苦；孩子感到痛苦，父母會比孩子更加感覺痛苦。相對地，當家人感到開心時，自己也會變得很開心。

可是，這樣的家庭關係有時也會遇到危機。**在現實生活中，為夫婦關係或**

親子關係而煩惱的人不在少數。在關係惡化的家庭裡，常可見一種模式，就是抱有「互相理解」的過度幻想，「即使沒說什麼，家人應該也能理解我的感受」或「因為是親子，所以本來就互相了解彼此」等錯誤想法。

因為每天一起生活，所以跟家人以外的人比起來，在某方面而言確實較能互相了解，但過度依賴這種想法，是很危險的。明明實際上並沒有互相理解，但卻有「我們已經互相理解」的幻想，這種想法是錯誤的。

這樣的例子，最近越來越多了。

父母步入中老年，成為高齡者，孩子若有一段時間與父母較為疏遠，不知道父母什麼時候寫了一份遺囑，指定讓其他兄弟繼承全部的財產。父母去世時，才驚訝地發現，「咦，不會吧！怎麼會有這種事？」

「因為我們是親子，所以即使半年、一年沒有聯絡，父母應該也能了解我的想法。」這種單方面的認知，便導致上例的結果。雖然自己沒有跟父母聯絡，但在這段時間中，其他兄弟姐妹卻常常跟父母聯絡，因此父母對他們產生了較好的印象。

也有過這樣的例子。女兒離婚之後，回到老家，在家裡對待父母親非常孝順，等到其他兄弟姐妹察覺到時，父母的財產已經全都歸在那個女兒名下了。

這種情況往往會招致其他兄弟姐妹產生「真會討父母歡心」、「愛討好父母，一直黏在父母身邊」等批評，但這並不是那個女兒的錯，而是其他兄弟姐妹沒有討父母喜歡，這才是最大的問題所在。甚至可以說，正是因為自己沒有理解高齡父母的心情，事情才會產生變化。

在父母五十幾歲，兒女年齡二十幾歲的情況下，即使有一、兩年沒跟父母聯絡也沒問題，因為父母仍在工作，有自己的事情要忙，對父母而言，原本也並不期待二十幾歲的孩子常跟自己聯絡。

可是當父母七、八十歲時，情況就不同了。由於接近人生的終點，高齡者會覺得很寂寞，希望兒女可以主動聯絡。

如果這時兒女依然認為，「從以前開始，打電話給媽媽的次數本來大約就是一年一、兩次，媽媽也能了解，沒問題的。」就會發生這種不知不覺中，父母已將財產全數過戶給別人的情況。

若父母將財產過戶給自己的兄弟姐妹，或許還可以接受，但搞不好父母是將財產過戶給對他們很好的詐騙集團。當然詐騙集團是不對的，但重要的是，子女不能理解高齡父母的心情，將整件事情看得太過輕忽，所以應該好好反省。

請確認自己是否具有「家人能夠互相理解的幻想」或「本來就互相理解的幻想」。

不管是親子還是夫妻，請好好地溝通，有時稱讚對方幾句，說一些誇獎的話。或許你會覺得「家人之間做這種事感覺很愚蠢」，或是「有點害羞」，但這其實是非常重要的事。

比起講道理，首先要有同理心，和別人站在同一陣線

在夫妻對話中，常會出現說第三者壞話，或抱怨他人的情況。

在此情況下，如果自己的回應總是愛講道理，就會出現尷尬的氣氛。

舉例來說，在家照顧小孩的妻子，如果對先生說媽媽朋友的壞話，先生卻回應：「不會吧，她不是那麼壞的人，你想太多了。」在這種情況下，先生可能以為這麼回答就能讓妻子冷靜下來，不過，有時則可能演變成妻子認為「你又不了解那個人」而開始生氣。

如果將雙方立場對調，變成先生由於在公司遭到不公平的對待，而回家生氣地說，「我無法繼續在公司待下去了！乾脆辭職算了！」這時，如果妻子一開口就回先生「你辭職的話，我們的生活費怎麼辦！活不下去啊！」先生會感到非常沮喪。

為了讓人際關係變好，要先成為對方的同伴。如果先表示自己站在對方這邊，然後才開始講道理，或是提供客觀意見，這樣會比較好。但如果一開始就講道理，自然會讓對方覺得不舒服或感到失落。

當孩子訴說「別人說我是笨蛋，一直欺負我！」即使父母心裡覺得「只是被罵笨蛋而已，還好吧…」也還是要先站在孩子這邊，然後再慢慢開導，這樣會比較好，偶而跟孩子一起並肩戰鬥也是很重要的。

人在感情用事的情況下，無法接受別人所講的道理。這時如果能先以同理心去感受對方的心情，等對方的情緒穩定下來，再一起考慮解決方法，以這樣的態度去面對會比較適當。

心靈互通的喜悅，能強化感情

在人際關係中，與妻子或先生的家人建立關係是件難事。

與配偶的父母間，大家應該都有一些「與對方父母無法順利相處」的關係，其中也有真的無法容忍的狀況。

這種時候，夫妻雙方更要成為彼此的支持者。面對自己的父母時，若能在事後私下與父母談談，甚至道歉，相信對保持彼此的平衡是非常有幫助的。

除了與配偶父母的關係，和配偶兄弟姐妹之間的關係也有一些難處。

假設妻子或先生的兄弟姊妹發生了不幸的事，只要不是金融貸款保證人的問題，應該不太容易造成太大嫌隙。

配偶的兄弟姐妹若被公司裁員，或遇到其他不幸的事時，一般而言都會覺得十分同情，「很可憐，能不能幫得上忙呢？」甚至可能主動表示自己願意幫忙。

可是，當配偶的兄弟姐妹在某方面成功時，卻可能會因為嫉妒而無法由衷感到開心。這時候，能否說得出「真是太好了！」、「恭喜你！」等等祝福的話，是維繫親戚關係很重要的關鍵。

在心理學中，深化人際關係的重點，並不是一同分擔哀傷的時候，而是共享喜悅的時刻。

我們可以用團體運動來理解這一點。當大家在團體比賽中獲勝，得到冠軍時，每個人都會感到開心，即使決賽中有人出錯，也會有所偏袒：「沒關係，他每次都是為了這個團隊而努力，所以偶爾失誤一下也沒關係，畢竟大家齊力合作才得到了冠軍。」

此外，正式上場的選手也會向幕後工作人員說「因為有你們的力量，所以我們才能獲勝。」或「多虧粉絲的支持，讓我們得到更多力量。」等等，表示感謝的話。這些話都是因喜悅，自然而然流露出的感謝心情。

經由跟大家一起分享開心、感謝彼此的過程，讓隊友、幕後工作人員或粉絲之間的關係，變得更加穩固。這時無法跟大家一起開心，而是保持冷靜的人，即便在平時，相信也是整個團隊中與大家較為疏遠的人。

相反地，當比賽成績不好，所有人一起沉浸在悲傷時，彷彿是互相舔拭著傷口一般，讓人會有種無法振作的負面感覺，此外，也會出現「都是因為某人的失誤才變成這樣」或「教練的安排有問題」等等質疑。這種情況是無法強化人際關係的。

身邊有人碰上值得慶賀的事情時，正是加深感情的機會，即使感到嫉妒，但讓對方看到自己也一起感到開心的一面，才能加深感情。

養兒育女不該墨守成規

在人生中，養育小孩是很辛勞的過程之一。

孩子上小學後，身為父母必須要考慮，如何培養孩子在讀書或運動方面的積極態度。

若想提高孩子的積極態度，可採用第一章所介紹的應對部下方式即可，當這一步行不通時，再改用別的方法。

舉例來說，當父母為了提高孩子的積極態度，於是跟孩子說「如果下一次考試得了八十分就買遊戲給你。」可是，孩子卻完全提不起興趣。

這時，父母不應該因此認為「我的孩子一點都不上進」或「我的孩子就是個『特例』」而放棄，畢竟孩子是自己的寶貝，一個方法行不通時，就要換用別的方法。

如果以心理學的一般論為中心來思考，會得出「我的孩子是個『特例』」而放棄的結果。所以像上述的例子，要以自己的孩子為中心來思考，得到「雖然合乎心理法則，卻不一定適用」的結果。**臨床心理學本來就是採用這種想法的學問。絕不會有「既不符合佛洛依德的理論，也不符合榮格的理論，所以是患者有問題」的結論。**

我寫了幾本以國小學童母親為對象的書，主題關於讀書習慣，為了符合七、八成孩子的情況，於是我在書中寫「在早上讀書比較好」。可是當媽媽們直接詢問我問題時，我會回答「先試試看再說吧」因為有些孩子早上念書會想睡，導致讀書效率不佳，反而晚上讀書效率更好。

有些媽媽們問我「我的孩子國小五年級，需要多長的睡眠時間呢？」以一般的情況來看，我會推薦他們睡七到八個小時最合適，但我同時也會跟媽媽們說「您的孩子睡多久，身體狀況會比較好呢？或許您應該試著觀察一下，孩子睡多久讀書的效率最好？」像這樣推薦媽媽們去發覺適合自己孩子的睡眠時間長度。

孩子是世界上無可取代的寶貝，若以大多數人的情況來決定自家的睡眠時間，完全沒有意義。

提升人際關係的祕訣——觀察跟記憶

以心理學的方式來說，想讓人際關係變好，重點在於「觀察」；好好觀察對方的反應是非常重要的。試著用某個方法來好好觀察對方的反應，如果那個方法不適用在對方身上，就改成別的方法。如果無法透過觀察了解對方的想法，就無法隨機應變。

出人意料地，夫妻之間往往沒有好好仔細互相觀察。有時無意間說出一些漫不經心的話，惹對方生氣，卻絲毫沒有自覺，只會加深彼此的不信任。有些夫妻自以為「就算這麼說，對方也不會怎樣吧。」而愚弄或大聲斥責對方。

這樣下去，如果某天其中一人突然表示「無法跟你繼續生活」而提出離婚，也完全不奇怪。

漫不經心的話語，來自於「粗心大意」。沒有發現自己的那一句話已經傷害到對方，就會一直影響著後來的發展。

即使是再親密的關係，只要粗心大意可能就會發生問題，好好觀察對方，如果察覺對方感到不舒服時，就要好好向對方道歉。

觀察的重點在於對方的表情。

如果對方對你的話語或態度表現出厭惡的表情，或變得沉默，就可以知道對方並不喜歡，從此請儘量不要表現出那些行為。

當觀察時發現對方出現開心的表情，請記下對方會對哪些事感到開心，以後可以再做一次。

比如說，如果經由觀察後發現，「即使在生日或紀念日時送蛋糕給對方，對方也沒有因此感到開心，但是收到花會看起來很開心。」就可以知道「送花給對方會讓他開心」。

如上述一般的觀察結果，請記下來。記憶力不好的人，即使好不容易發現了某件事，卻也可能因忘記而犯同樣的錯誤，即使送蛋糕也不會得到對方開心的回應。記住對方喜歡的東西，對建立人際關係是非常重要的，如果你不擅長記憶，也可以作筆記。

最糟糕的情況是忘掉對方的生日或紀念日，這樣一來就無法加深兩者之間的感情。

記下朋友的喜好或生日等資訊，在對方生日時說一些慶賀的話，或是送對方喜歡的東西，可以加深友誼。

八面「不」玲瓏

列舉失敗的人際關係時，令人驚訝地，常會提到「八面玲瓏」的例子，其實原本「八面玲瓏」並不會導致太大的失敗。

「八面玲瓏」的人，即便要跟B先生、C先生三個人都保持良好關係，並不太會有什麼問題。

即使B先生跟C先生處得不好，因為「到底要站在誰那邊」而顯得左右為難時，如果能與雙方都保持良好互動的關係，就不會有太大的問題。

如果對B先生說「C先生其實也有好的一面」，而對C先生說「你別看B

先生那樣，他還是有善良的一面」，雖然會被認為是個「立場曖昧」的人，但也還可以勉強接受。

但若非「八面玲瓏」，而是「八面不玲瓏」，情況就會不同。「八面不玲瓏」就是會說所有人的壞話。

跟B先生在一起時，會說「C先生有問題」，跟C先生在一起時，會說「B先生個性很差」，過不了多久，反而會讓自己自食惡果。

一起說別人壞話，當下兩人好像變成共犯關係，雖然會使彼此的說話氣氛熱絡起來，覺得兩人變得更親密，可是現實世界並沒有那麼簡單，過不久，那些壞話就會傳到別人耳中。

說B先生壞話的事，會傳到B先生那裡，說C先生壞話的事，也會傳到C先生那裡，到時就會失去兩人的信任，得到「你才是最壞」的評價。

如果是「八面玲瓏」，只會被視為「立場曖昧」的人，可是如果一旦成為「八面不玲瓏」的人，會失去大家的信任，並受到孤立。

不要隨著現場的氣氛而說朋友的壞話，即使這麼做會使當下氣氛變得熱絡，也只不過會提高自食惡果的機率罷了。

先向對方表示好感，對方也會報以好感

一般來說，如果自己沒有向別人表示好感，別人自然也不會對自己表示好感。在精神分析的世界裡，是以「投射性認同」來說明這個現象。自己對人有好感，投射出去，對方也會開始對自己有好感；如果討厭對方，厭惡的心情同樣也會投射出去，而讓對方也討厭自己。

在醫院的小兒科現場，醫生為了讓孩子對自己產生好感，有一個方法就是要先喜歡上眼前的孩子。因為那是讓孩子對自己產生好感的捷徑，也關係到治療效果的提升。

若自己先喜歡對方，對方也喜歡自己的可能性就會變高，在建立人際關係上，這是很重要的關鍵。

若這個法則適合所有人，在戀愛中就不會有被甩掉的人。所以，自己喜歡

對方，對方卻沒有喜歡上自己，這是常見的事。

即使如此，也要先表示好感，只有當自己表現出好感之時，才有可能贏得對方的好感。

如果什麼都不說，卻認為能將心意傳達給對方，這樣是不對的。好感應該要確實地傳達給對方知道。

戀愛不需要指南，而是臨床心理學技巧

戀人之間的交往，就像是夫妻、親子間或家庭關係一樣，要捨棄「彼此相互了解」的自以為是，而要特別注意雙方的溝通，有時候放出「愛你喲電波」是非常重要的。

若你想要展開新戀情，記得要釐清自己是否「不管是誰都可以」，還是「想要跟特定的人交往」，這有兩種不同的考慮狀況。

如果「對象不管是誰都可以」，依戀愛書籍的指南來追求新戀情，並沒什

麼不好。談戀愛有很多相關因素，所以不會有適合每一個人的法則。但如果對十個人用同一個方法，可能至少會有一個人適用。

若照書做沒有成功，可以改變方法，或增加實驗人數。

另一方面，如果是「想跟特定的人交往」這種情形，請不要用指南或任何心理法則，而是要配合對方，隨機應變。

有些書裡會寫，如果自己先喜歡上對方，會因為過於迷戀對方而失敗，所以要先讓別人喜歡上自己。有些書裡也說，「一開始先要冷淡，後來再漸漸熱絡。」如此一來就可以給對方留下好的印象。

不過，以常識來看，這方法風險很大，通常冷淡待人之後，會給對方留下不好的印象，不會再有任何發展。對於再也不和自己見面的人，你也無法有展現親切的機會。

如果你抱有「這個人不行的話，還有下一個人」這種想法，就可以照書裡的方法進行；但你若是覺得「除了這個人以外，不想和別人交往」，則請不要用書裡的方法。

想要跟眼前的人交往，請透過跟對方之間的會話去理解對方，這樣是以臨床心理學的方法進行，成功機率會很高。不要靠書，而是配合對方的反應，改變自己的做法。

若你覺得失去對方也無所謂，則可使用實驗心理學法則，或照書本去做。可是如果是戀人、夫妻、親子等關係、絕對不能失去的對象，則請你好好配合對方，隨機應變吧。

少說情敵壞話

假設自己想要交往的人，現在喜歡的是別人，從自己的角度來看，那個人就是你的情敵。

這時候，有些人會說情敵的壞話，想因此讓自己心儀的人放棄對方。如果是心儀對象還沒開始跟情敵交往的情況，說一些壞話以降低情敵的形象，讓自己喜歡的人注意力移到自己身上，這個方法不見得一定會失敗。

根據對方喜歡情敵的程度不同，情況會變得不一樣。

如果喜歡的程度還沒有很高，降低情敵形象的作戰法是行得通的；可是如果非常喜歡對方，可能就不會想聽對方的壞話。

此外，你所喜歡的人不一定會說實話。嘴巴上說「沒有在交往」，但可能實際上已經在交往了。

如果對方已經在跟情敵交往了，這時，兩個人已經非常親近。也就是說，當你說情敵的壞話時，就像你在說對方家人的壞話一樣，對方會覺得非常不舒服，絕不可能對說自家人壞話的人產生好感。

若你打算在他們分手後，與心儀對象當戀人，請不要說情敵的壞話，反而要稱讚情敵。如果你這麼做，在他們分手後，你與心儀對象交往的機會才會來臨。

我常看到離婚的人跟前妻（夫）的好朋友再婚。

想讓戀情順利而說情敵的壞話，在現實中不會有什麼效果。即使是敵人，儘量稱讚他、說他的好話，藉此培養自己的魅力，就會戀愛成功。

對人恐懼症

在恐懼症的患者中，分成患有社交恐懼症（SAD），以及患有對人恐懼症[2]（TKS）兩種人。

社交恐懼症患者無法出現在很多人的場合。在大眾前無法講話或對於處在多人的環境中會感到害怕，這就是社交恐懼症。

另一方面，如果站在人前時臉會不自覺地變紅，因此認為自己不太擅長在人前表現自己，則是屬於對人恐懼症。**其實，患有對人恐懼症的人在完全不認識的陌生人面前，是不太會感到恐懼的**。他們跟關係很好的人講話時也不會感到害怕，他們感到害怕的對象是「只是認識，但沒有很熟的人」。

即使完全不認識的人說「臉很紅」受到揶揄，他們也不會覺得怎麼樣，卻

2　因過去在人前有出錯、失敗過的經驗，所以害怕在人前表現自己。通常發生在青春期，輕微者會自然治癒，嚴重者病症會慢性化，轉換成社交恐懼症。

會很害怕自己「臉紅」的事被班上或公司的人知道，不想讓自己認識的人因這件事而對自己留下不舒服的印象。像這種想要在自己認識的人心裡留下好的印象的，就是對人恐懼症。

也就是說，「因為自己多多少少知道對方的一些事，所以不想讓對方有不愉快的感受。」這種心情太過強烈了。

廣播節目主持人吉田照美小姐說過，「我有對人恐懼症。」她不僅是廣播節目的主持人，也活躍於電視節目中，她在群眾面前講話是沒有問題的，只有在面對認識卻不太熟悉的人，才會有不安的感覺。

在社會上，患有對人恐懼症的人比我們想像得多，許多人都沒有發現自己有對人恐懼症的傾向。認識不深的人，其實並不太關注你的事，請了解這一點，讓心情放輕鬆。

不被錢討厭的心理學

在人生之中，金錢也很重要。關於金錢，可從心理學的角度，將人對金錢的思考方式分成兩種：

1. 考慮要用錢去做什麼的人。
2. 將錢當作某種標籤的人。

想用錢達成某個目的，這種人為了達成目的，會計算過程中所需要的金額，並為了達到所需的金額，思考如何增加收入或減少支出。

將錢當作某種標籤的人，屬於喜歡看到存摺裡的數字增加的類型。沒有什麼夢想，只是對數字位數的增加感到無比喜悅，喜歡遊戲分數增加的感覺。

理所當然地，增加個人資產的方法只有兩種：增加 in（收入），或減少 out（支出）。

日本社會屬於上班族社會，許多人每個月的收入是固定的。因此在日本，增加資產的方法多以減少支出為主，例如不跟別人一起去喝酒，節約伙食費，專注於努力存錢，這種人會腳踏實地地增加資產。

但是，如果完全沉浸在節流的想法裡，有時會太過份。比如說，遠處的汽油每公升可以比自己住的地方便宜兩元，有些人就會開車去買汽油。

假設買五十公升，不過只省下一百元，但如果考慮到去遠處買汽油要花的汽油量和來回時間，省下一百元是無法回本的。

來回花了三十分鐘只省下一百元，換句話說是花三十分鐘賺了一百元，若換算成時薪，約是兩百元，這無法說是個好工作。

如果受到省錢的想法所限制，很容易忽略掉「時間」成本，整體來說卻出現損失。

不只是個人，最近的日本企業也傾向於只考慮如何減少薪資支出，卻沒有考慮如何增加收入。如果這個方法能使企業增加利益或資產，當然很好，不過降低薪水同時也會降低社員的積極度，或者減少對外訂貨的支出，導致區域景氣惡化等等，不見得是獲利。

只考慮減少支出的人，反而會被金錢討厭。

為了廣納財源，要預做計劃

若想要存錢以達成目的，光靠減少支出，是不見得能做到的。「想在高級地段買房子」、「想去宇宙旅行」等，對於想要達成遠大夢想的人而言，只有大量提高收入，才能實現夢想。

跟以往比起來，現在的上班族較容易增加收入，有些公司甚至允許員工從事副業。只要善加利用網路，就可以輕鬆賺到零用錢，或著是「週末創業」。試著思考一下自己可以從事哪些副業，就算實際上沒有開始行動，先想一想，除了賺錢，還具有「頭腦體操」的額外效果。

開始副業後，如果覺得事業會成功，可以考慮是否辭職，成立新公司，當做自己的本業。

但要開創公司以一決勝負，不要賭上自己全部的身家財產，才是聰明的做法。日本麥當勞創業家、已故的藤田先生曾經勸告大家：如果要開始新事業，請用三分之一的財產來做。

根據統計，新開創的事業，大多數都不會成功。因此，為了在第一次事業失敗之後，能夠調整做法，再挑戰一次，就要預留第二次挑戰的資金。

如果用三分之一的財產來開創事業，但第一次、第二次都沒有成功，至少還有機會可以挑戰第三次。

如果挑戰三次都沒有成功，可能表示你不擅長這方面事業的經營，不如乾脆放棄，重新考慮進行別的事業。

本書曾多次提過，實驗心理學的主要內容是先建立假設，然後試著實驗，再一步步接近目的。正因不可能會有一次就成功的實驗，所以為了讓自己可以有三次的嘗試機會，請依此方法訂定資金計劃，才是聰明的做法。

UNIQLO（FAST RETAILING）總裁柳井正說過，「即使一勝九敗，但只要那一勝夠強，就能獲得利益。」

像柳井總裁那樣，會在訂定資金計劃時，預想到九敗的可能性，這樣的人才可能會賺到大錢。

此外，由於泡沫經濟崩壞，以及雷曼兄弟連動債等事件，原本一直處於人生勝利組的人，可能被打敗而失去全部財產。這種人是在九勝一敗的人生中，因極端強烈的一敗，而墮入人生失敗組。

為金錢所愛的人，會將失敗訂定在計畫之內，以進行多次挑戰。預先做好計劃和準備，也是一種運用心理學的方法。

重視心理健康，身體才會健康

最近在心理神經免疫學上的研究有很大的進步。研究顯示，心理健康會提升免疫力，便身體也會更健康。

因為憂鬱症等等疾病，導致精神狀態惡化，免疫力就會降低，容易得到流

行性感冒或是癌症。

人體細胞每天都會重複分裂，但因為人也是生物，無法像機器那樣完美地分裂細胞，重複分裂一千次、一萬次，會出現複製錯誤的現象。其中，若有不好的東西在體內增殖，就會變成癌症，現在這個看法獲得較多人支持。

通常細胞複製錯誤，會有一種自然殺手（ＮＫ）的免疫細胞來清除。可是當免疫力下降時，ＮＫ細胞的活性就會降低，造成複製錯誤的細胞留在體內。

保持精神上的健康以維持免疫力，對於身體健康是非常重要的。

想必大家都知道，在十大死因中，癌症是第一名。預防癌症發生是我們維持身體健康時很大的目標，因此，「保持良好的精神狀態以提高免疫力」，對於維持身體健康而言很有效。

順帶一提，在日本，二、三十歲成人的死因中，自殺是第一名。大部分的自殺者似乎都有憂鬱症等心理疾病，所以，對年輕人來說，特別要注意精神狀態。

平時便要注意是否過勞，壓力是否宣洩，不要抱著完美主義的想法，注意自己是否保持心理健康。

此外，可以事先認識憂鬱症的初期症狀，才能儘早到醫療機構接受治療。憂鬱症有「睡不著」或「不想吃東西」等初期症狀，如果出現以上症狀，請多注意自己的生活情況，如果症狀長期出現，有必要到醫療機構求助。

憂鬱症發生的原因，有一度曾被認為是由於腦中的神經傳遞物質變少，然而目前的主流看法則為「因為神經傳遞物質變少，這種狀態持續的結果，引發生神經病變，因此導致憂鬱症產生」。

如果長時間對憂鬱症置之不理，腦的狀況會改變，可能會變得難以治療。不良的心理狀態會降低免疫力，可能會讓身體健康狀況惡化，所以，平時要多注意心理狀態，如果感到不適就要儘早到醫院去看醫生。

心理跟身體健康彼此有著密切關係，心理學是一門能保持身體健康的學問，我相信今後會變得愈來愈重要。

Note

Note

國家圖書館出版品預行編目資料

人生勝利組の心理學：東大精神分析醫師教你看穿職場與人生 / 和田秀樹作；雲譯工作室譯. -- 初版. -- 新北市：智富, 2013.06
面； 公分. -- (風向；61)
ISBN 978-986-6151-45-3（平裝）

1.心理學

170 102006660

風向 61

人生勝利組の心理學——東大精神分析醫師教你看穿職場與人生

作　　者／和田秀樹
譯　　者／雲譯工作室
主　　編／簡玉芬
責任編輯／陳文君
封面設計／鄧宜琨
出 版 者／智富出版有限公司
負 責 人／簡玉珊
地　　址／（231）新北市新店區民生路 19 號 5 樓
電　　話／（02）2218-3277
傳　　真／（02）2218-3239（訂書專線）
（02）2218-7539
劃撥帳號／ 19816716
戶　　名／智富出版有限公司　單次郵購總金額未滿 500 元（含），請加 50 元掛號費
酷 書 網／ www.coolbooks.com.tw
排版製版／辰皓國際出版製作有限公司
印　　刷／世和印製企業有限公司
初版一刷／ 2013 年 6 月

ＩＳＢＮ／ 978-986-6151-45-3
定　　價／ 240 元

黏貼處

請沿虛線剪下裝訂寄回，謝謝！

讀者回函卡

感謝您購買本書，為了提供您更好的服務，歡迎填妥以下資料並寄回，
我們將定期寄給您最新書訊、優惠通知及活動消息。當然您也可以E-mail：
Service@coolbooks.com.tw，提供我們寶貴的建議。

您的資料（請以正楷填寫清楚）

購買書名：________________________________

姓名：______________ 生日：______ 年 ____ 月 ____ 日

性別：□男 □女　E-mail：______________________

住址：□□□______縣市________鄉鎮市區________路街
______段______巷______弄______號______樓

聯絡電話：________________________

職業：□傳播 □資訊 □商 □工 □軍公教 □學生 □其他：______

學歷：□碩士以上 □大學 □專科 □高中 □國中以下

購買地點：□書店 □網路書店 □便利商店 □量販店 □其他：______

購買此書原因：___ ___ ___ ___ ___ ___（請按優先順序填寫）
1封面設計 2價格 3內容 4親友介紹 5廣告宣傳 6其他：______

本書評價：____ 封面設計 1非常滿意 2滿意 3普通 4應改進
____ 內　容 1非常滿意 2滿意 3普通 4應改進
____ 編　輯 1非常滿意 2滿意 3普通 4應改進
____ 校　對 1非常滿意 2滿意 3普通 4應改進
____ 定　價 1非常滿意 2滿意 3普通 4應改進

給我們的建議：---

黏貼處

請沿虛線剪下裝訂寄回，謝謝！

傳真：(02) 22187539
電話：(02) 22183277

世茂好書・豐富心靈

世潮精典・智慧同行

廣告回函

北區郵政管理局登記證
北台字第9702號
免貼郵票

231新北市新店區民生路19號5樓

世茂
世潮 出版有限公司 收
智富

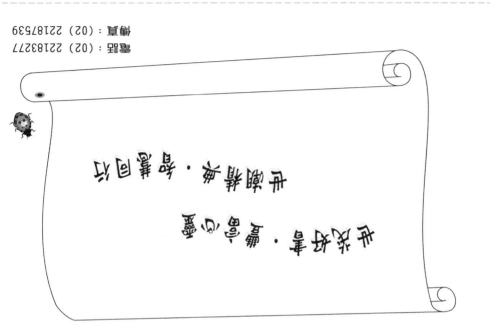